논문
작성법
컨설팅

논문
작성법
컨설팅

김연경 지음

글로벌콘텐츠

머리말

　‘기록하는 민족만이 살아남는다’는 잠언과 더불어 가치 있는 기록을 되새기며 확인하는 민족으로서의 긍지를 다시 한 번 다지자는 뜻이 여기에 담겨지는 것이라고 할 수 있다.

　올바른 역사의 기록은 하루아침에 이루어지지 않는다. 천리 길도 한 걸음부터라는 말이 있지만 올바른 역사는 ‘오늘의 올바른 기록은 내일의 올바른 역사가 된다.’

　논문의 개념은 여러 가지로 대학생들의 과제에 대한 보고서(report), 졸업논문이나 석사학위논문, 박사학위논문, 학자들의 학술적 연구논문 등 다양하게 나누어진다.

　대학은 학문하는 곳이요 학문은 교육으로 전수되고 연구에 의해서 창조되며 또 축적되어 간다. 학계에서 새로이 연구된 결과를 정연한 논리체계에 따라서 문장으로 발표하는 것을 학술논문이라고 한다. 그러므로 교육·연구·논문은 대학사회의 진수라고 할 수 있다.

대학의 면학풍토의 정착과 학문수준의 고도화는 대학인들이 어느 정도의 연구열을 가지고 이를 수행하는가, 또 적절한 연구방법을 충분히 활용하고 있는가, 연구결과를 효과적으로 표현할 수 있는 논문작성법의 이론과 실제를 얼마나 습득하고 이를 활용하는가에 달려 있다.

이 책은 논문을 작성하고자 하는 학생이나 연구자들에게 제목 구상이나 순서와 절차, 방법 등을 알 수 있도록 자세하게 기술하고자 하였다. 연구방법에서는 가장 널리 쓰이는 문헌 연구방법, 실태조사법, 실험적 연구방법, 사례 연구법, 그리고 질적 연구방법 등을 중점적으로 소개하였다.

논문을 작성하고자 하는 학생이나 연구자들에게 조금이라도 도움이 되었으면 하는 마음으로 축원한다. 또한 이 책의 편찬에 커뮤니케이션의 맥을 풀어준 안태경, 김중권, 김영안 박사님, 나창훈 선생님, 글로벌콘텐츠 홍정표 사장님과 편집부에게 감사의 말씀을 드린다.

2015. 12
김연경

차례

제1장

연구와 논문에 대한 이해

1. 논문의 개념

논문이라는 낱말의 개념은 상당히 광범위하기 때문에 혼동할 가능성이 많다. 일반적으로 영어의 에세이에 속하는 어떤 강론이나 논설문도, 취직시험이나 졸업시험 등에 부과되는 특정한 문제에 대한 수험자의 해답도, 어떤 시사적인 논평도 논문이라는 말로 통용되고, 한편 대학생들에게 부과되는 특정한 과제에 대한 보고서(report) 또는 학기말 리포트(term paper), 대학생의 졸업논문, 석사학위논문, 학자들의 학술적 연구논문, 박사학위논문 등도 각기 다른 것이지만 논문이라는 말로 통용되기 때문이다.

그러나 여기에서 말하는 넓은 의미의 논문의 개념은 영어에서 예를 들면, 강론이나 논설이나 소론 등은 흔히 essay 또는 argument로 통용되고, 시사적인 논평이나 일반적인 기사는 article, 시험을 위한 논문은 보통 treatise, 과제논문은 term paper 또는 report, 석사학위논문이나 졸업논문은 thesis, 일반적인 학술연구논문은 research paper, 박사학위논문은 dissertation 등으로 통용되기 때문에 낱말 자체로 상당히 구별된다.

그러므로 넓은 의미에 있어서의 모든 논문은 어떤 사실이나 문제에 대하여 이론을 전개한다는 점에서는 공통하지만 그 대상, 목적, 형식, 성격, 그 내용의 학술적 수준 여하에 따라서 이상과 같은 여러 가지 명칭으로 구별된다고 볼 수 있다. 그러나 이들을 편의상 크게 두 가지 종류로 구별할 수 있을 것이다. 즉, 그 하나는 essay, argument, article, treatise 등은 일반적인 논설문이라고 볼 수 있고, 다른 하나는 term paper나 report, 졸업논문, 석사학위논문(thesis), 박사학위논문(dissertation) 등은 학술적 연구논문(research paper)이라고 볼 수 있을 것이다. 그리하여 여기에서는 전자에 대해서는 논외로 하고 후자에 대해서만 설명하기로 한다.

2. 연구논문의 종류

1) 리포트(report) 및 텀 페이퍼(term paper)

리포트는 일반적으로 여러 가지의 보고서를 의미한다. 그리하여 보고서는 어떤 사업 보고서, 경과 보고서, 조사 보고서, 실험결과 보고서, 연구 보고서 등 다양하다. 따라서 리포트는 어떠한 문제 또는 사건에 관해서 조사하거나 관찰하여 얻어진 여러 가지의 자료를 근거로 하여 그 문제나 사건을 사실 그대로 이해하기에 용이한 형식과 방법으로 정리하여 그것을 필요로 하는 대상자에게 보고하는 문서라고 할 수 있다.

이 보고서의 특성은 어떤 문제나 사건을 사실 그대로 밝히는 데 있기 때문에, 그 문제나 사건에 대해서 정확하게 기술하는 것이 가장 중요하다. 그리고 이러한 보고서는 어떤 문제의 해결을 위한 자료로서 또는 어떤 학문적인 연구를 위한 주요한 자료로서 이바지한다. 한편 리포트는 일반적으로 논문이라는 뜻으로 사용되는 경우가 많은데 엄밀히 말하면 리포트는 논문과는 다른 점이 있다. 그 차이점은 논문은 논리적인 일관성과 증거성, 일정한 체계성, 창조성 등이 요구된다. 그러나 보고서는 어떤 문제나 사건에 관해서 이를 조사하고 분석하거나 관찰하여 얻어진 결과를 사실 그대로 밝히는 것으로서, 자료에 의한 증거성은 요구되지만 논리적 일관성이나 독창성을 요구하는 것은 아니다. 그러나 이상에서 열거한 여러 가지 보고서 가운데 연구 보고서는 사실상 연구논문과 같은 의미를 가지는 것이다.

한편, 우리나라에서는 대학에서 교수가 학생들에게 부과하는 과제논문을 리포트(report)라고 하는 경우가 많다. 그리고 이러한 리포트는 결국 미국의 대학에서 흔히 말하는 텀 페이퍼(term paper)와도 같은 것이라고 할 수 있다. 다만 리포트와 텀 페이퍼의 차이를 말한다면, 텀 페이퍼는 한 학기나 학기 중에 지시하여 그 학기말에 보고되는 학기말 과제논문이고, 리포트는 반드시 학기말이 아니라도 필요에 따라서 수시로 지시되고 보고되는 것이라고 할 수 있다. 이 리포트나 텀 페이퍼는 각 교수가 담당한 교과목 또는 학생이 이수해야 할 교과목이 시간 관계상 강의실에서 강의를 통해서는 도저히 이수될 수 없거나, 학생 스스로 독서하고, 조사하고, 실험하고, 연구하는 것이 바람직할 경우에 부과되는 과제로서 교수의 지시나 지도에 따라서 실시되고 보고되는 것이 그 특징이라고 할 수 있다.

리포트나 텀 페이퍼를 부과하는 주요한 목적은 학생으로 하여금 각 교과목에 해당되는 주제 분야에 대해서 보다 광범하고 구체적인 지식을 얻게 하는 동시에, 학생 스스로의 판단력과 연구능력 또는 연구의욕을 기르게 하는데 있다. 한편, 현대는 이른바 정보의 폭발시대요, 문헌의 홍수시대로서 동일한 교수나 동일한 주제에 대한 지식의 양이 너무나 많기 때문에, 한정된 강의 시간 내에 이를 충분히 다룬다는 것은 전혀 불가능하다. 그러므로 앞으로는 이러한 과제학습이 더욱 보편화되고 중요시될 것이다.

또한 리포트나 텀 페이퍼를 작성하는 그 효과 면에서 볼 때, 앞으로의 졸업논문을 작성하기 위한 예비훈련이라고 할 수 있다. 리포트나 텀 페이퍼를 작성하기 위해서는 관계주제 분야의 여러 가지 문헌을 조사하여 이를 정독하고, 여기에서 얻은 데이터를 증거로 해서 이를 자기가 생각하는 논리체계로 기술하거나, 어떤 문제의 현황을 조사하여 분석하거나, 어떤 과학적인 실험결과를 정리하여 기술해야 한다. 따라서 이를 정상적으로 이행하려면, 결국 학술논문 작성에 필요한 과정을 거의 거쳐야 하기 때문에, 리포트를 작성하는 것은 학술논문 작성에 있어서 가장 기초적인 단계라고 할 수 있다.

2) 졸업논문

우리나라의 학사규정 상 학사학위를 취득하는 요건으로서 소정의 졸업논문을 작성하여 심사에 통과해야만 하도록 되어 있으므로, 이 졸업논문은 학사학위논문이라고 할 수 있다. 우리나라에 있어서도 종래에 몇몇 대학의 특정한 학과에서는 졸업논문을 작상하게 한 일이 있으나 이것은 제도화된 것은 1975년부터이다.

교육부에서는 1975년 6월 9일자로 대학졸업제도의 개선 방안을 발표한 바 있는데, 그 가운데 대학의 학사과정에서는 필수적으로 졸업논문을 작성해야 한다는 취지와 목적이 설명되어 있다. 이에 따르면, 대학의 학사과정에 필요한 전공과정은 상당한 정도의 상호관련성이 있음에도 불구하고 각 과목에서 이수한 전공내용을 종합할 수 있는 기회가 없기 때문에 계획적인 지도하에 논문작성 과정을 통하여 교수와 학생 간의 학문적인 접촉을 증진하고, 전공과목의 지식을 종합하여 자주적인 학문연수의 능력과 태도를 함양하기 위한 것이다.

이상의 요지를 간단히 분석해 보면 첫째, 학생들로 하여금 전공과정에서 이수한 각 전공과목의 지식을 종합할 수 있는 기회를 가지게 하기 위한 것이며, 둘째, 논문작성 과정을 통하여 교수와 학생 간의 학문적 또는 인격적인 접촉을 증진시키기 위한 것이며, 셋째, 학생이 자주적으로 학문을 연구할 수 있는 능력과 태도를 함양하기 위한 것이라고 할 수 있다.

3) 석사학위논문(thesis)

석사학위논문은 대학원에서 소정의 이수과정을 마치고 석사학위를 취득하기 위한 청구논문이다. 본래 석사학위는 라틴어로 *Magister Artlum*, 영어로는 Master of Arts라고 표현되는데 그 명칭이 상징하는 바와 같이 자기 전공 분야의 기존 학문을 완전히 마스터했다는 것을 인정하는 학위라고 할 수 있다. 따라서 이상적으로 말한다면 석사학위 과정에서는 자기전공 분야의 기존 학문에 통달하는 것이 바람직하며, 학위논문에서는 그 분야의 기존 문헌을 섭렵한 흔적이 나타나는 것이 기대된다고 할 수 있다.

그러므로 석사학위논문에서는 학문적인 독창성도 기대되지만 그보다도 기존 학문에 대해서 통달했느냐, 학문하는 태도가 건실하냐, 학문연구방법을 올바르게 터득했느냐 하는 것이 가장 중요한 문제라고 할 수 있다.

석사학위논문을 작성하는 과정을 살펴보면, 자기가 선택한 주제에 대하여 지도교수의 승인을 받고, 그 지도교수의 지시에 따라서 문헌을 섭렵하고 자료를 수집해서 정리하고, 혹은 어떤 사실을 조사하고, 혹은 과학적인 실험에서 얻은 데이터를 정리하여 논문을 작성하게 된다. 그러나 여기에서 연구자는 지도교수의 계속적인 지도를 기대하기보다는 가능한 한 자주적으로 연구하는 자세를 가지는 것이 바람직하다.

석사학위논문을 작성하게 하는 목적은 그 학위 소유자로 하여금 앞으로 자기가 독자적으로 학문을 연구할 수 있는 학자로서의 기본적인 태도와 능력을 연수하도록 하기 위한 것이다. 그러므로 석사학위논문은 그 논문 작성자가 자기의 전공 분야에서 독자적으로 연구할 수 있는 학자로서의 태도와 능력이 구비되어 있다는 흔적이 그 논문(치밀성, 정확성, 성실성, 독창성) 속에 나타나 있어야만 한다.

4) 박사학위논문(dissertation)

박사학위논문은 박사학위 과정을 이수한 사람이 박사학위를 취득하기 위해서 제출하는 청구논문이다. 박사학위는 라틴어로 *Philosophia. Doctor*, 영어로는 Doctor of Philosophy로서 본래는 철학박사학위를 의미하는 것이었다. 그러나 학문이 분화

됨에 따라서 모든 학문 분야에 적용되게 되었는데, 이 학위는 학위에 있어서의 최고의 학위로서 하나의 독자적인 철학체계 또는 이론체계를 수립했다는 것을 인정하는 학위이다. 따라서 석사학위의 경우처럼 자기전공 분야의 기존 학문에 통달해야 함은 물론이고, 특히 박사학위논문에서는 일관성 있는 이론체계와 독창성이 강조되는 것이다.

박사학위논문을 작성하는데 있어서도 지도교수의 지도를 받게 되며, 논문이 완성되어 제출되면 그 주제 분야의 권위자들로 구성된 심사위원(보통 5명)이 위임되어 엄격한 심사를 받아서 통과되어야 한다.

한 가지 부언할 것은 심사를 받던 안 받던, 학자는 외형적인 인물로서 평가되는 것이 아니라, 그 학문에 의해서 평가되는 것이며, 일단 활자화된 논문은 영구히 보존되어 후세까지 전승되는 것이므로 오랜 시간에 걸쳐서 꾸준히 자기의 최선의 성의와 재능과 노력을 다해야만 한다.

5) 연구논문(research paper)

연구논문이란 모든 학문 분야에서 각자가 연구한 결과를 일정한 논리체계에 따라서 정리한 글이라고 할 수 있다. 연구논문은 일반적으로 학술논문이라고도 하는데, 넓은 의미에서는 이상에서 설명한 리포트나 텀 페이퍼, 졸업논문, 석사학위논문, 박사학위논문 등 학술적인 연구결과를 일관된 논리에 따라서 정리한 논문은 모두 이에 속한다고 할 수 있다.

그러나 일반적으로 연구논문은 어떤 학위를 취득하기 위해서 제도적으로 지도교수의 지도하에서 연구되고 논문이 작성되는 것을 의미하는 것이 아니고, 기성학자들이 자율적으로 연구한 결과를 일정한 논리체계에 따라서 작성한 논문을 의미하는 것이라고 할 수 있다.

한편, 연구논문에는 여러 가지 종류가 있다. 주로 인문과학이나 사회과학 분야에 있어서처럼 학술적인 문헌이나 기록을 근거자료로 하여 어떤 사실을 밝히거나 이론을 수립하는 논문이 있고, 주로 사회과학 분야에 있어서와 같이 어떤 실제적인 현장을 조사하여 이를 종합하고 검토해서 결론을 얻는 논문도 있고, 어떤 개개의 상황을 통계적인 조사에 의하여 분석하고 검토해서 결론을 얻는 논문도 있고, 또한 주로 과학·기술 분야에 있어서와 같이 여러 가지 과학적인 실험에 의하여 연구된 논문 등이 있다.

학자들이 연구해서 논문을 쓰는 목적은 자기가 연구한 새롭고 독창적인 결과를 동일한 주제 분야에서 종사하는 동료학자나 후진들에게 알리기 위한 것이다. 이와 같이 연구한 결과를 상호 간에 전달함으로써 서로의 연구를 돕고, 이를 서로 검토하고 비판함으로써 점차로 학문을 향상시키고 발전시킬 수 있는 것이다. 그리하여 각자의 연구업적을 공개하고 전달하기 위해서 학술토론회, 세미나, 심포지움, 학술발표회 등이 개최되며, 논문집이나 전공 분야별 저널(journal)을 발간하여 상호간에 널리 교환하는 것이다. 따라서 이러한 학술적인 문헌들은 국경을 초월하여 국제적으로 교류됨으로서 거의 모든 분야의 학문이 국제성을 가지는 것이다.

3. 연구(학술)논문의 특성

연구(research)라는 단어는 조사, 문의, 추구를 의미하며, 이 말은 '다시 찾는다'는 것을 의미하는 프랑스의 말 'recher'에서 유래한 것이다. 여기에서 '다시 찾는다'는 말의 개념을 현대적인 관점에서 풀이하면 새로운 조사와 검토 또는 새로운 개발을 의미하는 것이라고 할 수 있다. 그리하여 이 연구의 특성은 치밀성과 정확성과 성실성과 독창성을 요구하는 것이다.

1) 치밀성

치밀성은 특히 과학적인 연구에 있어서 절실히 요구된다. 그러나 치밀성은 문헌적인 연구에 있어서도 결코 경시되어서는 안 된다. 과학자가 하나의 문제, 즉 예를 들면, 가축병의 근절을 위한 연구를 시도할 경우 그는 하나의 효과적인 연구를 달성하기 위해서 가능한 한 모든 병원에 대한 치밀한 실험을 실시하고, 이에 대한 해결책을 망라하여 철저히 조사해야 한다. 마찬가지로 문헌적 연구에 있어서도 예외가 될 수 없다. 하나의 문제를 연구하기 위해서는 그 문제에 관련된 종래의 모든 기록과 선행의 연구 문헌을 빠짐없이 철저히 조사하고 이를 면밀히 분석해야만 한다. 다만 몇 가지의 문헌만을 신뢰하고, 이를 근거로 하여 소기의 연구목적을 달성하고자 하는 것은 극히 경솔한 일이며, 연구를 혼란시키는 결과가 될 것이다.

2) 정확성

정확성이란 연구 작업에 있어서는 추측이나 부정확성이나 근거가 박약한 억설이나 혹은 성급한 결론 등 어떠한 종류이던 경솔한 판단은 용인될 수 없다는 것을 의미한다. 또한 논문을 기술하는데 있어서도 어디까지나 정확하지 않으면 안 된다. 문자나 숫자나 수식에 있어서도 오기, 탈락 등이 있어서는 안 된다. 이와 같이 조사와 연구는 정확한 분석과 세심한 주의를 요구하는 것이다. 과학적인 연구에 있어서의 세밀한 실험이나 문헌적인 연구에 있어서의 선행 연구 문헌을 분석하고 검토하고 이에 대한 근거를 제시하는 것은 정확성을 보장하기 위한 것이다. 다만 정확성이 보장될 때만이 가설이 건전하게 확립되고 결론이 타당성을 가지게 되는 것이다.

3) 성실성

성실성은 위에서 말한 치밀성과 정확성을 보장하는 것이라고 할 수 있다. 성실성은 연구논문의 논리를 전개하는데 있어서 신빙성이 있고 학술적인 가치가 있는 자료를 성실하고 명확하게 증거를 제시하는 것을 의미한다. 연구에 있어서는 의식적이던 또는 무의식적이던 그릇된 증거나 허위의 증거를 제시하는 것은 용인 될 수 없으며, 문헌을 밝히지 않고 증거제시가 없이 다른 저작에서 도용해 오는 것은 성실성을 배반하는 것이다. 그리하여 위증이나 표절로 얼룩진 연구논문은 그 결과가 아무리 그럴듯한 것이라 할지라도 학술적인 가치를 전혀 인정받을 수 없게 되는 것이다.

4) 독창성

독창성은 연구의 특성인 동시에 연구의 생명이라고 할 수 있다. 이미 다른 학자들에 의해서 밝혀진 사실을 다시 되풀이하거나 이를 다시 정리하는 것은 연구가 아니다. 또한 장기간에 걸쳐서 실험하고 연구하여 정리한 논문이라도 그 논문이 독창성이 없다면 이를 발표한 의의가 없는 것이다. 그리하여 학술논문에서는 독창성을 기준으로 해서 다음과 같은 점을 주시하는 것이 통례라고 할 수 있다. ① 재료나 소재는 일반적인 것이라도 연구방법이 새로운 것, ② 연구방법은 새로운 것이 아니라도 연구재료나 대상이 새로운 것, ③ 방법과 재료가 일반적인 것이라도 연구 성과가 선행 연구 문헌과 다른 것, ④ 모든 것이 일반적이라도 논리상 새로운 해석을 가진 것.

연구의 궁극적인 목적은 현재까지 밝혀지지 아니한 새로운 지식, 새로운 사실, 새로운 원리, 또는 새로운 이론을 정확하고, 성실하게 그리고 객관적으로 타당성을 인정받을 수 있도록 구명(밝히는)하는 것이다.

그러나 대학생들에게 부과되는 term paper 나 report 또는 졸업논문에까지 독창성을 기대할 수는 없다. 대학생들은 연구경력이 없는 초학자이기 때문에 다만 자기가 전공하는 주제 분야의 문헌을 얼마나 섭렵하고 이를 어떻게 체계화하여 자기의 지식으로 삼았느냐 하는 것이 중요한 것이다.

근년에 조사한 바에 의하면 사회과학 분야의 논문 가운데 대부분은 신빙성이 없는 통계적 조사나 현장조사 결과를 정리한 것이었기 때문에 실제로 문헌을 통해서 연구한 흔적은 거의 나타나지 않았다. 이러한 현상은 독창이라는 것을 구실 삼아 안이한 방법을 택함으로써 결국은 자기 전문 분야의 기본적인 학문탐구를 기피하는 것이라고 할 수 있으며, 특히 초학자들에게는 바람직하지 못한 일이라고 할 수 있다. 특히 대학생들은 연구는 자기 전공 분야의 기본적인 문헌을 철저히 섭렵하고 숙독한 흔적이 논문에 나타나야만 한다. 그리고 학생들의 논문에 있어서도 치밀성과 정확성과 성실성이 결코 경시되어서는 안 된다.

4. 연구의 일반적 절차

이상에서 논의한 특성을 구비한 학술논문을 작성하는 입장에서 살펴본다면, 그 정도에 따른 절차는 논문 작성자의 연구경력에 따라 다르고, 학문 분야에 따라 다를 수 있고, 또한 동일한 학문 분야에 있어서도 어떠한 연구대상을 어떠한 방법으로 연구하느냐에 따라 약간의 차이가 있다.

1) 연구 경력에 따른 차이

(1) 연구경력이 많은 기존 학자.
(2) 대학원의 석사학위논문을 작성한 경험이 있거나 초보적인 연구경력이 있는 사람.
(3) 현재대학원의 석사학위과정에 있는 사람.
(4) 학부의 졸업논문을 준비하고 있는 사람 등으로 구분할수 있다.

이상과 같이 구분하는 경우, 연구경력이 많은 기존학자는 연구논문을 작성하는데 있어서 이미 기초적인 준비 작업이 거의 되어 있기 때문에 그가 어떠한 연구방법을 채택하던, 그 절차는 간단하다.

2) 문헌적 연구의 경우

예를 들면, 현재대학원의 석사학위논문을 준비하고 있거나 초보적인 연구경력이 있는 사람이 문헌적인 연구를 하는 경우는 대체로 다음과 같은 절차를 거치게 된다.

(1) 연구할 주제를 선정한다.
(2) 선정된 주제에 관련된 모든 기록 자료와 선행 연구 문헌을 빠짐없이 수집한다.
(3) 수집된 문헌자료를 평가하고 기록한다.
(4) 평가, 기록된 데이터를 분석하고 정리한다.
(5) 분석, 정리된 데이터에 따라 원고를 작성한다.

그러나 연구경력이 많은 기존학자의 경우는 대부분의 경우 자기의 연구주제가 이미 정해져 있고, 기록자료와 선행 연구 문헌이 거의 수집되어 있기 때문에 자료를 보충하는데 불과하며 실제적으로는 ③ 자료를 평가, 기록하고, ④ 데이터를 분석, 정리하고, ⑤ 데이터에 따라 원고를 작성하는 것으로써 연구가 완결될 수 있다.

반면에, 학부의 졸업논문을 준비할 학생들은 연구할 주제를 어떻게 선정할 것인지, 어떠한 문헌자료를 어떻게 수집해야 할 것인지 조차 미숙할 것이다. 따라서 문헌적인 연구에 있어서는 필연적으로 도서관 자료에 의존하지 않을 수 없으므로 도서관 자료의 검색 및 이용방법을 상세하게 익혀야 하며, 문헌의 종류와 특성 등을 파악하여 연구에 있어서의 활용방법을 체득해야 할 것이다.

3) 실태조사의 경우(survey research)

실태조사에 의해서 어떤 사실을 밝히고자 하는 연구에 있어서는 기존학자는 ① 조사대상을 선정하면, ② 일전한 조사방법에 의하여 자료를 수집하고, ③ 그 자료를 분석하고 정리하여, ④ 원고를 작성하게 될 것이다. 그러나 초학자들은 그 이전에 이에 대한 선행의 연구 문헌을 조사하고 여러 가지의 실태조사의 방법과 자료의 처리방법을 체득해야만 한다.

4) 실험적 연구의 경우

어떤 실험에 의하여 새로운 원리나 사실을 밝히고자 하는 연구에 있어서는 기존학자는 ① 실험대상이나 재료를 선택하고, ② 실험방법을 설정하고, ③ 실험절차와 과정을 관찰하여 기록하고, ④ 실험에서 얻은 데이터를 정리하여, ⑤ 원고를 작성하게 된다. 한편 과학자들은 실험과정에서 예측하지 않았던 사실을 발견하게 될 때는, 의외의 연구결과도 얻을 수 있을 것이다.

그러나 연구경력이 없는 초학자는, 실험대상이나 재료를 선택하기 이전에 이에 대한 선행 연구 문헌을 조사하여 그에 대한 현재의 연구상황이나 동향을 파악하여야 할 것이며, 여러 가지 실험방법을 체득하고, 데이터의 정리 또는 처리방법을 익혀야 할 것이다.

그리하여 본서가 의도하는 바는 학부의 졸업논문이나 대학원의 석사학위논문을 작성하게 되는 초학자들에게 지침이 되게 하고자, 연구의 준비단계를 비롯해서 몇 가지의 기본적인 연구방법, 인문과학이나 사회과학, 자연과학 분야의 기본적인 논문체제와 작성방법, 그리고 인용 표시법이나 각주 사용법 또는 참고문헌의 기재형식이나 방법 등 논문작성에 있어서의 실제적인 문제를 가능한 명확하고 용이하게 설명하고자 시도하는 것이다.

제2장

연구를 위한 문헌조사

1. 도서관 자료의 이용

어떠한 연구를 하던 간에 우선 그 연구에 관련된 과거의 기록이나 선행의 연구 문헌을 빠짐없이 수집, 조사하고 분석, 평가하는 것이 최초의 준비단계라고 할 수 있다. 더구나 학부의 졸업논문이나 석사학위논문을 준비하는 사람들은 그들이 어떠한 학문 분야를 전공하던 우선 문헌의 이용법에 숙달하여 문헌조사를 철저히 하지 않으면 건전한 연구 작업이 이루어질 수 없다.

또한 문헌을 충실하게 수집하고 조사하지만 도서관 자료에 의존하지 않을 수 없다. 도서관 중에서도 특히 대학도서관 국립중앙도서관 국회도서관 등은 교육과 조사연구에 필요한 문헌들을 빠짐없이 폭 넓게 그리고 계속적으로 수집하고 이용에 편리하도록 조직. 정리하여 이용자에게 봉사하는 기관이며, 사회과학도서관이나 과학기술정보센터 또는 정부의 각 부처나 학술연구소, 기업체, 은행 등에 부설된 도서관들은 각 그 해당 기관의 조사연구 활동에 필요한 문헌을 수집하고 조직, 정리하여 이용자에게 봉사하는 기관이다. 그러므로 연구자들은 이러한 학술적인 도서관에 소장된 문헌자료를 이용하는 것이 가장 효과적이고 현명한 준비단계라고 할 수 있다.

2. 학술도서관의 기능과 기구

대학도서관 국립중앙도서관 정부의 각 부처도서관, 학술연구소의 도서관, 과학기술정보센터 등을 학술도서관이라고 한다면, 이러한 학술도서관의 기본적인 기능은 이용자에게 교육적인 자료와 조사연구 자료를 효과적으로 보급하는 기관이다. 대학도서관과 기타의 학술도서관은 그 특성에 따라서 교육과 조사연구에서 필요로 하는 문헌과 기타의 정보자료를 수집하고 이를 효과적으로 활용하게 함으로써 이러한 목적을 실현하는데 기여하는 것이다. 그리하여 도서관은 이러한 임무를 효과적으로 수행하기 위해서 대체로 다음과 같은 봉사활동을 수행하게 된다.

(1) 도서관은 문헌과 기타의 정보자료를 선택하여 수집한다. 이 선택과 수집은 조사연구에 있어서의 유용성 여부와 그 사회의 구성원의 요구에 기초를 둔다.

(2) 도서관은 이러한 문헌을 학생과 교수와 기타의 이용자들에게 효과적으로 이용될 수 있도록 체계적으로 배열하기 위해서, 장부상에 기재하고 분류표에 따라 분류하고 목록을 작성한다.

(3) 이와 같이 체계적으로 정리된 문헌을 이용자에게 요구에 따라 대출하고, 도서관 이용법을 지도하고, 문헌 이용에 있어서의 여러 가지 질문에 해답한다.

대부분의 도서관에 있어서 이러한 활동은 대체로 수서과, 자료조직과, 열람과 등으로 분담되어 각각 담당직원에 의해서 수행된다. 그리고 수서과는 주문계, 수서계로 나누어질 수 있고, 자료조직과는 분류계, 목록계로 구분될 수 있고, 열람과는 참고열람계, 정기간행물계, 대출계, 특수자료계 등으로 구분되는 경우도 있다. 그리고 참고도서계는 참고도서 열람실에 비치된 각종의 참고문헌을 바탕으로 이용자에게 봉사하며, 정기간행물계는 정기간행물 열람실에 비치된 각종의 간행물을 바탕으로 봉사하며, 대출계는 서고에 비치된 모든 일반도서를 이용자의 요구에 따라 대출하는 업무에 봉사하고, 특수자료계는 귀중도서나 고서, 고문서, microfilm, microfiche, slide, 음반, 테이프 레코드 등의 특수자료의 이용에 봉사하게 된다.

3. 도서관 자료의 종류와 그 조직

학생들이 최초로 도서관을 이용하는 데 있어서 가장 기본적인 것은 어떠한 절차를 거쳐서 자기에게 필요한 문헌을 접할 수 있느냐 하는 것이라고 할 수 있다. 그러나 이를 포괄적으로 이해하기 위해서는 학생들은 그보다도 먼저 도서관 자료의 특성에 따른 배치상황, 그 도서관의 자료의 분류체계와 목록의 이용법 및 도서관 이용에 있어서 지켜야 할 몇 가지 규칙을 알아야 할 것이다.

도서관 자료는 일률적으로 분류 배열되는 것이 아니라 자료의 유형과 특성에 따라서 그 배치장소를 달리하고 있다. 예를 들면 비교적 간단한 정보를 손쉽게 찾아볼 수 있도록 마련된 일반참고도서는 대체로 참고도서 열람실(reference room)에 비치되어 개가식(open shelfe)으로 배열되어 있고, 각 주제 분야의 전문도서와 일반도서는 서고에 비치되어 대체로 개가식 또는 폐가식으로 배열되어 있고, 일반 정기간행물이나 각 전문 분야의 정기간행물, 신문들은 정기간행물 열람실(또는 신문 열람실을 별도로 두는 경우도 있음)에 개가식으로 배열되어 있다. 그리고 귀중도서나 고서, 그리고 microfilm, microfich, 영화필름, slide, 음반, 테이프 레코드 등의 특수 자료들도 각각 별치되어 보관되고 있다.

1) 참고도서 열람실의 비치 자료

참고도서 열람실에 비치되는 자료는 사전류, 백과사전, 주제백과사전, 전문사전, 연감, 연보, 편람, 도감, 사료, 법규, 인명록·인명사전, 지명사전, 지도첩, 서지, 색인, 초록 등이다.

사전: 모든 낱말을 일정한 순서에 따라서 배열하고 각각의 낱말의 발음, 의미, 어원, 용법들을 설명해 주는 도서이

다. 사전 가운데에는 낱말 자체의 해석만을 주목적으로 하는 사전과 낱말의 해석에만 한정하지 않고, 그와 관련된 각종의 사건을 설명하고 있는 사전적(Encyclopedic) 사전이 있다. 한편 국어를 관점으로 해서 보면 국어사전, 영어사전, 독어사전 등과 같은 각국어사전과 영한·한영·영독·독불사전 등의 2개 언어사전, 그리고 영독불한사전 등의 다국어사전이 있다. 그리고 사전에 수록된 어휘의 종류나 목적에 따라서 구분하면 일반어사전, 고어사전, 신어사전, 방언사전, 속어사전, 은어사전, 어원사전, 발음사전, 동(반)의어사전, 숙어(관용구)사전, 인용어사전, 용어사전, 약어사전, 술어사전 등이 있다.

백과사전: 전반적인 주제 분야에서 표출어를 선정, 배열하고 각각의 표출사항에 대하여 개별적인 설명을 가함으로써 모든 정보를 망라적으로 수록하려는 의도에서 편찬된 도서이다. 특히 백과사전은 지식의 전 분야를 포괄적으로 취급하고 있기 때문에 이것을 이용함으로써, 거의 모든 사항에 관한 개관을 얻을 수가 있다.

그러나 백과사전이라 할지라도 만능의 정보원은 아니다. 그리하여 각 주제별 전문적인 사항에 대해서는 각 분야의 전문사전에 의거해야만 한다. 그리고 백과사전은 편찬목적이나 이용 대상에 따라서 학술적인 백과 사전과 일반대중용 백과사전, 대학생용 백과사전, 중고 등학교학습용 백과사전 등이 있다.

주제백과사전: 특정한 한정된 주제 분야만 수록하고 있을지라도 백과사전이라고 부르는 것이 있다. 이것은 내용적으로는 주제별 전문사전과 하등 다른 것이 없으나 대체로 주제의 범위가 비교적 크고, 해설하는 방법이 백과사전과 유사 하기 때문에 주제백과사전 이라고 한다(Encyclopedia of the social science). 이에 해당하는 영어로는 Cyclopedia라 고 하는 말을 사용하기도 한다.

전문사전: 특정한 주제 분야의 용어, 사항, 인명 등에 관한 해 설을 사전 형식으로 편성한 사전이다. 철학대사전, 백 과사전에서는 개괄적으로 취급하는 데 비하여 전문사 전에서는 그 주제의 관점에서 더욱 상세하게 취급하는 경우가 많다. 더욱이 주제 영역이 이미 확정된 경우에는 그 분야의 전문사전을 활용함으로써 필요한 정보를 비 교적 용이하게 얻을 수 있다.

연감, 연보류: 연감은 보통 1년을 단위로 하여 그동안에 일어난 각종의 사건을 일정한 체계 하에 정리하여 수록하고 해설하고 있는 연간의 정기간행물이다. 연감의 내용을 보면 대체로 연지, 연간의 개관, 추세 등에 대하여 통계나 자료를 충분히 활용해서 해설하고 또한 인명, 주요기관, 시설일람 등이 부록되어 있다.

모든 것이 1년간의 사건에 대해서는 그것에 관련된 한도 내에서 언급되고 있다. '행정백서'처럼 연보·백서 등의 서명이 붙어 있는 것도 이러한 연감류에 포함해서 생각하는 것이 좋을 것이다.

연감류는 시사적인 문제의 경향이나 사회의 추이를 소급해서 다루기 때문에 특정한 주제 분야의 전망이나 단체나 기관의 동향을 파악하고자 할 때 이용하기에 편리하다.

연감에는 모든 주제 분야를 총망라해서 수록한 종합연감과, 어느 백과사전의 추보형식으로 간행되는 백과사전연감, 특정한 지역의 사건을 주로 수록한 지역연감, 전문적인 주제 영역에 한정된 전문연감(주제별연감)들이 있다.

편람류(Handbook): 편람은 특정한 주제에 관한 실제적인 지식 및 데이터를 가능한 한 집약적으로 제공하기 위해서 통계, 수치, 표, 도표, 사진 등을 실례로 들어서 용어와 사항을 체계적으로 해설한 책이다.

영어의 Handbook은 handy한 도서라는 의미에서 생긴 이름인데 마찬가지로 편람은 다루기 쉬운 책 자체로 정리된 형태적인 면에 특징이 있다. Handbook, 요람, 총람, 보전, 대관, manual 등으로 불리는 도서는 모두 편람류에 속한다고 할 수 있다.

편람류는 그 주제 분야의 실무가나 연구자들에게 유용한 참고자료로서, 상세한 색인에 의하여 각종의 사실이나 전문용어, 동향, 새로운 기술 등에 대한 사항을 편리하게 찾아볼 수 있다.

지명사전(gazetteer): 일반적으로 지명을 표출항목으로 하여 그 호칭, 위치, 교통로, 그리고 행정, 인구, 산업, 관광상의 특색 등을 해설하고 있는 책이다. 그 지명에는 자연지명과 행정지명이 밝혀지는데 때로는 그 지명의 기원이나 연혁도 설명되는 경우가 많다.

지명과 기타의 지리관계의 정보를 주는 또 하나의 참고도서는 지도첩 또는 Atlas이다. 이것은 개개의 지도를 편집하여, 책자로 제본한 것이며, 색인을 부록하여 편리하게 이용될 수 있도록 구성되어 있다.

일반적으로 Atlas라고 하는 참고도서 가운데에는 수록범위에 불문하고 현대의 지구상의 각 지역을 취급하고 있는 보통지도첩 이외에 역사지도, 정치·경제지도 등의 전문적인 지도가 있다. 또한 지형도, 지질도, 기후도, 교통도, 인구분포도, 해도 등 각종의 지도를 이용 목적에 부합하도록 편찬된 것도 있다.

인명사전: 인명사전은 인명을 표출항목으로 하여 각 인명 하에 전기적인 정보를 수록하는 참고도서이다. 전기적인 정보는 성명, 생몰년, 경력, 업적 등이 수록되며, 이러한 정보를 얻음으로써 그 인물을 이해하는 데 기초적인 지식을 얻을 수 있다.

인명사전은 인명의 수록 대상과 범위에 따라서 여러 가지 종류가 있다. 우선 시대적인 면에서 볼 때 고대인물의 전기를 모은 것(조선인명사전), 근대인물의 전기를 모은 것(한국인명사전) 등이 있다. 한편 지역적인 면에서 볼 때 세계적인 범위의 것(Webster's Biographical Dictionary), 수개국의 인명을 포함한 것(岩波 西洋人名辭典), 국가단위로 된 것 등이 있다. 또 인명사전을 편찬하는 시점에서 이미 고인이 된 인물을 수록하는 것(Dictionary of National Biography), 생존자만을 수록하는 것(Current Biography), 이 양자를 공히 수록하는 것 등이 있다. 그리고 피전자의 직업이나 전문 분야별로 여러 가지의 인명사전이 이루어지고 있다.

명감류: 명감 또는 인명록(Directory)은 인명 이외의 정보도 수록되지만 역시 전기정보를 얻을 수 있는 자료이다. 다만 인명록은 현재의 생존자에 대한 전기적 정보를 수록하는 것이라고 할 수 있다. 인명록에는 ① 일정한 지역에 거주하는 사람들에 관한 것, ② 특정한 분야에 종사하는 사람들에 관한 것(한국 교육자 인명록, 공무원록), ③ 특정한 기관단체, 시설 등에 소속되는 사람에 관한 것(철도국 인명록), ④ 일반적인 것(문화 인명록) 등이 있다.

연표, 통계표 등의 제표: 여기에서 제표란 연표, 통계표 등의 일람표 형식을 취하는 참고도서를 의미한다. 연표는 편년체의 정보를 표 형식으로 정리한 참고도서이며, 역사 분야에서 흔히 볼 수 있는 자료이다(세계사연표, 국사연표). 그리고 기타의 주제 분야에 있어서도 그 주제가 역사적인 사실을 손쉽게 파악하게 할 필요가 있는 것은 연표를 편찬하는 경우가 많다(도서관연표).

연표라 할지라도 내용은 편람이거나 통계표이거나 서지인 경우도 있다. 이러한 것들은 모두 연대순의 배열 형식을 취했다고 하는 특징을 잡아서 연표라고 하는데, 여기에서 말하는 연표의 부류와는 성격이 다르다.

통계표를 편집한 통계서는 모든 주제에 걸친 참고도서는 아닐지라도 특히 사회과학, 산업, 과학기술 분야에서 많이 볼 수 있는 형태의 자료이다(공업통계표). 이 경우에 통계서라 할지라도 서명만으로 판단할 수 없는 것이 많다. 보기를 들면, '연감'이라든가 '요람'이라고 하는 것이 내용은 통계인 것이 있는 경우가 있고, 기타 다른 유형의 참고도서의 대부분이 통계표로 되어 있는 것도 있기 때문이다.

도감, 도록류: 도감이나 도록은 많은 사진과 도해 등을 수록하여 여기에 해설을 부기하는 형식을 취하는 참고도서이다. 도설, 도보, 사진집 등도 이 부류에 속한다. 이러한 도감류는 장문의 설명만으로서는 이해하기 어려운 사실을 시각에 의해서 효과적으로 이해할 수 있도록 하기 위해서 마련된 것이다. 사물의 형태와 구조, 색채, 상호 관계 등은 도해나 사진을 참조하는 것이 효과적이기 때문이다.

이러한 참고도서가 많이 편찬되는 주제 분야는 역사(국보도록), 미술·연극(세계미술전집), 사회·민속(일본민속도록), 지질·광물(원색광석도감), 공업·동식물학(동물도감, 식물도감) 등의 분야이다.

사료집 및 자료집: 사료집은 역사적인 자료집으로서 과거의 중요한 문서, 사건에 대한 기록, 유물 등을 편집한 문헌을 의미하며, 자료집은 현대의 것이라도 특정한 사건이나 문제 또는 주제에 관련된 실제적인 기록을 편집한 문헌을 의미한다. 예를 들면 조선왕조실록은 사료집이라고 할 수 있으며, 어떤 건축물의 설계도나 그 공정에 대한 기록, 또는 어떤 행사의 계획이나 진행과정에 대한 기록집 등은 자료집이라고 할 수 있다.

이러한 사료집이나 자료집은 원자료로서 어떤 사실을 밝히는데 중요한 증거자료가 되는 것으로서 학술논문에 인용되는 경우가 많다.

법규 및 법규집: 법규집은 헌법을 비롯한 모든 법률을 편집한 것이며, 법규집은 이러한 법률을 근거로 한 시행령이나 시행규칙을 편집한 문헌을 의미한다. 법령집, 판례집 등이 이에 속한다. 이러한 자료는 역시 원자료로서 주로 법률학 분야나 기타의 사회과학 분야에 있어서 중요한 자료이다.

서지류: 도서를 연구대상으로 하는 학문을 서지학이라고 하는데, 여기에서 말하는 서지는 도서에 대한 목록을 의미한다. 이러한 서지는 각각의 도서에 대하여 그 서지

적 사항, 즉 집필자, 서명, 출판지, 출판사, 출판연도 및 면수나 크기 등을 기술하여, 이것을 이용 목적에 따라서 배열하고 있는 것이다. 그리하여 이용자들은 이러한 서지 또는 목록에 의하여 필요한 문헌을 검색할 수 있는 것이다.

이러한 서지(목록)는 그 수록범위에 따라서 여러 가지 종류가 있다. 즉, 수록범위가 세계적인 것, 한 국가의 전반에 걸친 것, 시대별로 된 것, 특정한 주제에 한정된 것, 한 도서관의 장서를 수록한 장서목록, 개인의 저작만을 수록한 것, 특정한 출판기관의 서목만을 수록한 것 등, 그 종류를 일일이 열거할 수 없다.

색인류: 색인은 특정한 자료에 포함되어 있는 각종 정보의 소재를 용이하게 탐지할 수 있도록 이것들을 항목으로 표출하여 그 소재를 지시하고 일정한 순서로 배열하고 있는 일종의 기록정보에 대한 검색 도구이다. 또한 색인에는 특정한 정보자료의 기술내용에 기초를 두어 색인 항목을 표출하고 그 소재를 지시하고 있는 색인이 있다. 단행본의 권말색인, 별권색인, 용어색인(Concordance)들이 있다. 그리고 총서집성색인, 잡지기사색인, 신문기사색인들이 있다.

이 가운데 학술정보자료의 검색 도구로서 가장 중요한 것은 잡지기사색인이다. 이것은 주로 학술잡지를 그 수록된 논문이나 기사단위로 분석하여 그 내용, 집필자, 논제 등을 용이하게 검색할 수 있도록 한 것이다.

초록지: 초록지는 잡지기사색인과 같이 검색기능을 가지는 동시에 원저논문의 요약, 즉 초록을 기술한 연속간행물이다. 이용자는 그 초록을 읽음으로써 원저논문의 내용을 파악할 수가 있으며, 여기에 수록된 서지사항에 의해서 원저논문을 참조할 수 있도록 되어 있다.

현대와 같이 논문이 다량으로 많이 발표되고 더욱이 그 증가율이 많을 경우에는 범위가 좁은 전문영역에 한해서도 필요한 문헌 전체를 살펴본다는 것은 어려운 일이다. 따라서 문헌목록이 아니라 그 요약을 기술하고 있는 초록을 살펴봄으로써 그 분야의 연구동향이나 전망을 알 수 있고, 문헌을 효율적으로 이용할 수 있다. 이 초록은 주로 과학기술 분야에서 많이 발행되고 있는 자료이다.

이상에서 설명한 참고도서실의 모든 자료는 개가식으로 배열되어 있는 동시에 그 실내에서는 자유로이 열람할 수 있으나 실외로 대출을 허용하지 않는다.

2) 정기간행물실의 비치자료

정기간행물실에는 주로 일반 대중적인 잡지와 각 전문적인
학술 분야에서 발간되는 정기간행물이나 연속간행물의 최근의
권·호를 손쉽게 이용할 수 있도록 개가식으로 비치되어 있다.

정기간행물은 일간신문을 비롯해서 주간지, 격주간지, 월간
지, 격월간지, 계간지, 등이 있으나 여기에서 신문에 한해서는
별도의 열람실을 설치하는 경우도 있다.

연속간행물은 발행기간이 일정하지 않으나 동일한 서명이
나 체재로 새로운 정보를 수록해서 연속적으로 간행되는 출판
물을 의미한다.

단, 기존의 정보자료를 새로운 일정한 체재로 발간하는 총서
나 전집 또는 문고 등은 일반도서로 취급된다.

한편 정기간행물실 자료는 그 실내에서만 자유로이 열람할
수 있고 특별한 경우를 제외하고는 실외로 대출을 허용하지
않는다. 그러나 정기간행물이라 할지라도 대체로 발간된 1년
이상 된 것으로서 그것이 제본되어 일반서고에 비치되면 일반
도서와 마찬가지로 대출이 허용된다.

3) 일반서고의 비치자료

일반적으로 말하는 서고에는 일반적인 교양도서나 각 주제 전문 분야의 개설서나 학술서 등의 단행본 도서와 총서나 전집 류 등이 개가식으로 배열된다. 따라서 서고에는 일반 이용자들의 출입이 허용되지 않는다. 그러나 서고에 소장된 자료는 관외대출이 허용된다.

한편 서고에 비치되는 자료는 그 종류에 있어서는 비교적 단순하나 그 수와 양에 있어서는 도서관 자료의 대부분을 차지하며 거의 모든 학문 분야에 있어서의 기본이 되는 자료이다.

4) 특수자료실의 비치자료

도서관마다 특수자료실이라는 것이 있는 것이 아니라 도서관마다 그 특성에 따라서 대부분 특수한 자료실이 있다. 예를 들면 서울대학도서관의 경우 귀중한 고서와 고문서만을 보관하고 있는 규장각도서실은 특수자료실이라고 할 수 있다. 그리고 필름이나 마이크로필름, 마이크로피시, 녹음테이프, 슬라이드, 표본 등의 시청각자료는 시청각자료실에 별도로 보존 관리되며, 대학의 경우 그 대학의 교무행정자료나 학적자료 등도 별도로 보존 관리되고 있는 것이다.

또한 특수한 학문 분야의 자료실, 예를 들면 민속자료실이나 음악도서실, 의학도서실 등이 별도로 마련되는 경우도 있고 특정한 학자의 기념을 위하여 마련되는 경우도 있다.

4. 목록의 이용법

전장에서 설명한 모든 도서관 자료는 각 도서관에 마련된 카드 목록 지금은 컴퓨터에 의해서 손쉽게 이용될 수 있도록 조직되어 있다. 다시 말하면 도서관의 목록은 도서관의 소장 자료를 신속하게 검색할 수 있는 도구이다.

정보자료의 축적량이 적을 경우는 그 가운데 필요한 정보를 찾는 것이 간단하다. 그러나 자료의 축적량이 많으면 많을수록 필요한 정보를 색출한다는 것은 용이한 일이 아니다. 그리하여 도서관에서는 방대한 정보자료를 축적하고 이용자들로 하여금 신속하고 정확하게 필요한 정보자료를 색출하여 이용할 수 있도록 하기 위해서 축적된 자료를 조직화하고 이 방대한 용적을 차지하고 있는 자료의 실물 대신에 이를 가장 간단한 형태의 것으로 집약하고 압축하여 다른 형식으로 표현해서 편리하게 통람할 수 있는 도구를 고안한 것이다.

따라서 개개의 목록카드에는 그 도서의 저자명이나 공저자명, 역자명, 서명, 주제명 등의 사항을 각각 표출항목으로 하여 카드의 첫머리에 기입하고, 다음에는 일정한 형식과 규칙에 따라서 서명이나 부서명, 출판지, 출판사, 출판년도, 페이지 수 등 그 문헌을 식별하는데 필요한 사항을 기술하여, 그 표출항목의 가나다순이나 알파벳순에 따라서 배열하는 것이다. 그리하여 목록은 누구나 필요한 문헌을 저자명이나 편자명, 서명, 주제명 등 가능한 모든 사항을 통해서 검색의 단서로 삼아서 색출할 수 있도록 고안된 검색 도구이다.

도서관의 목록은 크게 나누어 사무용 목록과 열람용 목록으로 대별되는데 사무용 목록은 이용자들과는 직접적인 관계가 없으므로 열람목록에 관해서만 설명하기로 한다.

우리나라 대부분의 학술도서관 열람목록은 모든 표출항목이 혼합되어 동양서의 경우 가나다순으로, 서양서의 경우 알파벳순으로 배열되어 있으므로 동양서목록과 서양서목록을 각각 한 가지 목록만 검색하면 필요한 자료를 검색할 수 있다.

열람목록은 저자명목록, 서명목록, 주제명목록, 분류목록 이것을 혼합 배열한 것이 사전체목록이라고 한다.

5. 문헌의 분류체계

　도서관에서 모든 문헌자료를 분류하는 목적은 동일한 주제 또는 동일한 내용의 문헌을 유형별로 구분하여 이를 체계적으로 배열하기 위한 것이다. 따라서 분류는 우선 문헌이 지니고 있는 주제를 기준으로 하고 이차적으로는 그 서술형식이나 형태가 기준이 된다. 그리하여 이러한 기준을 미리 구체적으로 설정해 놓고, 이와 같이 이미 설정된 기준에 따라서 분류해야 하기 때문에 도서관마다 이 분류의 기준이 되는 표, 이른바 분류표가 마련되어 있다. 그러나 모든 학문이나 지식의 주제에 대한 안목이나 그 주제의 순서 배열이 식자마다 다른 경우가 많고 또는 시대나 학술문화의 발전에 따라서 달라지기 때문에 동·서양을 막론하고 역대로 여러 가지 종류의 분류법이 고안되었고 또한 그것이 발전되었다.

　그리하여 현대에도 국가에 따라서 또는 관종이나 도서관의 특수성에 따라서 서로 다른 분류법을 사용하는 경우가 많으며, 또한 동일한 분류법을 채용하더라도 도서관의 사정에 따라서 혹은 분류자의 분류법에 대한 해석이나 적용에 따라서 분류결과가 세부적인 면에서는 다른 점이 있을 수 있다. 그러나 어떠한 분류법을 사용하던 동일한 주제나 동일한 내용의 문헌들을 유별로 구분하여 체계적으로 배열한다고 하는 원칙은 일치하는 것이다.

우리나라의 학술도서관에서 일반적으로 사용하고 있는 분류법은 세계적으로 널리 사용되고 있는 듀이(Dewey)십진분류법(Dewey Decimal Classification, 약칭 DDC)이다. 이 DDC는 1873년 미국의 멜빌 듀이(Melvil Dewey)에 의해서 창안된 것으로 그 구성은 우선 모든 지식과 학문을 크게 9개류로 구분하여 100~900의 번호를 주고, 백과사전과 같이 어느 특정한 주제에 속하지 않고 여러 주제에 관련된 문헌을 총류라고 하여 000의 번호를 주어서, 다시 각각의 류에서는 1~9까지의 번호를 주어 전개하고, 여기에서 또다시 십진식으로 1~9의 번호를 주게 한 것이다. 그리하여 십진분류법이라고 하는 것이다.

우리나라의 표준 분류법은 한국십진분류법(Korean Decimal Classification, 약칭 KDC)인데 이것은 주로 중·고등학교도서관이나 공공도서관에서 많이 사용되고 있다.

<DDC 요강표>

000 총류	500 순수과학
010 서지	510 수학
020 문헌정보학	520 천문학
030 백과사전	530 물리학
040 강연집, 수필집, 연설문집	540 화학
050 일반연속간행물	550 지구과학
060 일반학회 단체	560 고생물학
070 신문 저널리즘	570 생명과학 생물학
080 일반 전집 총서	580 식물학
090 사본 희귀본	590 동물학
100 철학	600 기술과학(응용과학)
110 형이상학	610 의학
120 인식론	620 공학, 공학일반
130 과학적으로 알 수 없는 현상	630 농업, 농학
140 철학파	640 가정학
150 심리학	650 경영학
160 논리학	660 화학공학, 화학공업

170 윤리학

180 동양철학

190 서양철학

200 종교

210 종교철학 및 이론

220 성서

230 기독교 교리신학

240 기독교윤리, 헌신신학

250 목회학

260 기독교사회학 및 교회론

270 기독교회사

280 기독교회와 각 교파

290 기타종교

300 사회과학

310 일반통계

320 정치학

330 경제학

340 법학

670 제조업(원료) 재료별

680 특수제조업(공정) 제품화

690 건축공학

700 예술

710 조경 및 도시계획

720 건축술

730 조각, 조형

740 도화, 장식미술

750 회화

760 판화, 판각

770 사진술

780 음악

790 오락

800 문학

*810 동양문학

820 영·미문학

830 독일문학

840 불란서문학

350 행정학	850 이태리문학
360 사회복지	860 스페인문학
370 교육학	870 라틴문학
380 상업, 무역, 통신, 교통	880 희랍문학
390 풍속, 민속학	890 기타 제문학
400 언어	900 역사
*410 동양어	910 지리, 기행
420 영어	920 전기
430 독일어	930 고대세계사
440 불란서어	940 유럽역사
450 이태리어	*950 동양역사
460 스페인어(서반어)	960 아프리카역사
470 라틴어	970 북아메리카역사
480 희랍어	980 남아메리카역사
490 기타언어	990 대양주·극지

※ 분류번호 앞의 *표시는 동양을 나타낸다.

이 가운데 특히 자기가 전공하는 주제의 분류번호를 항상 기억하고 있으면 문헌을 이용하는 데 대단히 편리하다. 이것은 100구분표이기 때문에 비교적 큰 주제만이 나타나 있다.

6. 색인류의 검색

위와 같이 목록류를 조사해도 목록은 단행본 도서와 총서류나 전집류만을 수록대상으로 하기 때문에 기타의 주요한 문헌은 목록에서는 검색될 수 없다. 그리고 단행본이나 총서류는 아무리 전문적인 문헌이라 하더라도 이미 이차적인 자료이다. 그보다 새로운 최신의 자료는 각 전문 분야의 논문집이나 전문 분야의 정기간행물에 수록되는 것이다.

그리하여 이러한 자료를 검색하기 위해서는 그 도서관에서 작성하고 있는 정기간행물 기사색인이나 이미 책자로 출판된 『정기간행물기사색인』, 『학술잡지기사색인』 또는 각 전문 분야의 주제별 기사색인지를 조사해야 한다.

기사색인은 논문집이나 정기간행물 등에 수록된 개개의 논문이나 기사를 그 필자명이나 논문기사 등의 제목명이나 논문의 주제명이나 논문의 주제명 등의 가나다순 또는 알파벳순으로 배열하고, 그 수록된 출처를 제시해 주는 검색자료이다.

　기사색인은 일반적인 전 주제를 포괄하는 색인이 있고, 주제별로 작성된 것도 있다. 그러나 일반적인 것이던 주제별로 된 것이던 대개는 그 안에서 다시 소주제별로 구분되어 배열되어 있기 때문에 주제별로 검색하는 데 편리하다.

제3장

연구주제의 선정

1. 연구주제 선정의 의의와 절차

과학적이고 효과적인 연구를 수행하기 위한 가장 중요한 첫 단계는 작업은 선명하고도 적절한 연구주제를 선정하는 것이다.

연구주제의 선정이란 쉽게 말해서, 무엇을(what), 왜(why), 얼마만큼(how much) 연구할 것인가를 결정하는 것이어서 연구의 방향, 목적, 한계 또는 범위와 같은 것들이 설정되게 된다.

주제 선정의 중요성에 대하여 혹자는 마치 사냥꾼이 사냥하는 장소를 선정하는 것에 비유하고 있다. 만일 사냥터를 잘못 택하면 고생만 하고 짐승은 한 마리도 만나지 못하는 경우가 있고 또 짐승을 만난다 하더라도 자기가 가지고 있는 무기가 너무 빈약하여 짐승을 잡을 수 없는 경우도 있다.

따라서 분명하고도 적절한 연구주제를 선정하는 데 성공했다는 것은, 즉 연구사업 전체의 효과적 수행에 있어 그 반 이상을 달성한 것이나 다름없다고 할 수 있다.

항상 문제의 홍수 속에서 살고 있는 우리들이 얼핏 생각하면 연구의 주제는 우리 주변에 얼마든지 있을 것처럼 생각되기 쉽다. 그러나 막상 어떤 연구를 하기 위해서 구체적인 문제를 선정해 보려고 하면, 이 과업이 그리 쉬운 일이 아니라는 것을 곧 알게 된다. 특정한 문제를 잡기까지는 상당히 훈련된 지적 능력을 필요로 하는 일련의 과정을 거쳐서야 비로소 가능하기 때문이다.

일반적으로 연구의 주제를 선정하는 과정은 다음과 같은 단계들을 거쳐서 이루어진다.

1) 연구영역의 설정

특정한 문제를 꼬집어 결정하기에 앞서 연구하고자 하는 연구 분야를 우선 결정하는 것이 순서이다. 이러한 연구영역의 결정은 한편으로 연구자 자신의 개인적 동기와 가치 판단, 평소의 전공이나 취미 같은 요인에 영향을 받기도 하고, 다른 한편으로는 학문적 공헌이나, 실용성에 대한 기대감이 작용하기도 한다. 예를 들어 말하면, 행정학도가 행정학의 넓은 영역 중에서 재무행정, 특히 PPBS(기획 예산 제도) 관한 것을 연구영역으로 설정한 경우를 들자면, 그로서는 이 문제영역이 행정학에서도 평소에 가장 흥미 있는 분야였고 또한 가장 첨단적인 이론영역이어서 이 부분의 연구가 우리나라 행정학의 발전이나 행정제도의 실무적 발전에도 큰 도움이 되리라고 생각했다면 누구에게나 납득이 가는 연구 분야의 설정이라고 할 수 있다. 따라서 연구 분야의 설정은 곧 연구목적의 확립에 연결되고 있다.

2) 연구문제의 형성

연구영역이 결정되면 그 영역 내에서 어떤 특수한 문제를 꼬집어 형성하는 단계에 이른다. 이때에 결정된 문제는 두 변수 또는 사상 간에 있을 수 있는 관계에 대한 명백하고도 간결하게 기술된 질문 형 문장으로 표현되는 것이 가장 바람직한데, 예컨대 소득의 증대가 저축율의 향상을 유도하는가?라든가, 핵가족 제도가 아동의 정신에 어떤 영향을 주는가? 또는 흡연과 암의 발생빈도와는 어떤 관계가 있는가?와 같은 것이 그것이다.

이 문제형성 단계에서, 특히 초보적 연구자들이 흔히 생각하는 것처럼 큰 문제가 좋은 문제가 아니고, 작지만 선명하고 구체적이면서 실용성과 실현 가능성이 높은 문제가 좋은 문제임은 두말할 것도 없다.

3) 이론적 관련과 준거의 검토

문제가 설정되면, 그 문제와 관련되어 이미 행하여진 연구는 어떤 것이 있는지, 그러한 연구가 실제 어떻게 수행되었는지, 그 연구를 통해서 어떤 이론들이 수립되었는지 등에 관한 면밀한 문헌조사가 필요하다. 이 과정을 거치면서 연구자는 자기가 제기한 문제가 과연 연구할 만한 값어치가 있는 것인지, 있다면 기존의 여러 이론과는 어떠한 관계를 가지며, 또 어떻게 기여할 것인가를 검토할 수 있기 때문에 자기 연구를 합리적으로 인도해 주는 이론적 기초를 마련해 줄 수 있기 때문이다.

뿐만 아니라, 이러한 선행 연구들을 검토·분석해 보는 과정에서, 자기가 연구할 문제에 사용된 용어의 개념을 보다 명백히 이해 정의할 수 있고, 이에 관련된 가설이나 모형의 설정 또는 실제의 조사 설계와 자료 수집의 다양한 방법에 대해서도 귀중한 조언을 얻을 수 있다.

따라서 이러한 선행 연구나 기존이론에 대한 문헌조사는 많이 하면 할수록 좋은 것임은 두말할 것도 없지만, 실제에 있어서는 시간, 경비, 능력의 제약 때문에 어느 정도 연구자가 만족할 만한 수준에 이르렀다고 생각하면, 그 단계에서 그 분야의 전문적 식견을 갖춘 지도교수와 상의하고, 석사학위 이하의 졸업논문 연구자들은 이 단계에서 반드시 지도교수의 조언과 지도를 받아야만, 연구의 적합성과 효율을 높일 수 있다.

4) 주제의 압축

연구자가 넓은 연구영역의 설정에서 출발해서, 특정주제를 선정하고, 이것을 다시 여러 선행 연구에 비추어 보면서, 갈고 다듬고 확실한 이론적 기초와 준거를 마련해 나가는 것 그 자체가, 연구를 보다 효과적으로 수행하기 위한 주제의 압축, 단련과정의 가장 중요한 부분임은 두말할 것도 없다.

그러나 많은 연구자들이 경험한 것이지만, 주제의 압축과 단련의 과정은 연구의 초기단계에서 끝나는 것이 아니고 조사설계나, 자료 수집, 또는 심지어 자료의 해석이나 결론의 도출에 이르기까지 전 연구과정을 통해서까지 계속적으로 진행되는 경우를 흔히 볼 수 있다.

특히 우리의 연구에는 대체로 시간과 경비의 제약이 이미 주어져 있는 경우가 많고 연구의 결과인 논문 그 자체에도 길이의 제한이 따르기 마련이기 때문에 아무리 필요하고도 좋은 연구주제라 할지라도, 특정 연구사실의 주제로서 최종 결정될 때에는, 주어진 시간과 경비의 제약 속에서 실지로 다룰만할 수 있도록 인위적으로라도 압축하지 않으면 안 되는 경우가 않다.

연구의 명료성과 실현 가능성을 위한 압축방법은 여러 가지가 있을 수 있겠지만 흔히 쓰이는 요소로서, 장소, 시간 또는 특정 측면의 제한을 주제 속에 밝히는 방법이다.

예컨대, 어떤 예술학도가 예술 속에 표현된 여성상에 대해서 관심을 가졌다고 해 보자, 그가 이 주제를 전부 연구하려면 평생을 바쳐도 다 못할 과업임을 쉽게 이해하고, 예술 중에서도 소설에 나타난 여성상으로 줄여 보았다면, 이때 일제하라는 시간적 제한과 한국이라는 장소적 제한이 가해져서 연구의 범위가 상당히 좁아지고 구체화되게 된다.

물론, 주제의 한정을 통한 압축이 여기서 끝나는 것이 아니고, 실제 주어진 시간 안에 자료의 수집과 분석 작업을 해 본 결과, 그 작업량이 예상외로 벅차서, 예컨대 춘원의 소설을 분석함에 그칠 수밖에 없었다고 하면, 최종적인 주제는 더욱 압축되어, 춘원 소설에 나타난 여성상의 연구로 좁혀질 수밖에 없다.

5) 주제의 단련

주제 선정의 마지막 단계는, 지금까지의 모든 예비 작업을 정리해서, 문제를 정립하고 이에 따른 개념의 규정과 필요하다면 가설이나 모형을 설정하며, 타 연구와의 관련과 함께 본연구의 색다른 의의를 밝히는 한편, 본 연구의 구체적 작업 대상과 방향을 제시할 임시적 구상요목을 작성해 보는 것이다.

이러한 구상요목의 시안을 작성해 봄으로써, 연구주제에 관한 예비지식을 평가·정리할 수 있고, 또 수집·분석되어야 할 자료의 종류, 내용분량을 결정하여 보다 효과적인 연구 과업을 수행할 수 있기 때문이다. 따라서 구상요목의 성안은 주제 선정의 마지막 단련과정이자 동시에 조사 설계와 자료 수집의 안내역의 구실을 하게 된다.

2. 주제착상의 원천과 유형

우리가 어떠한 특정한 연구를 하게 되는 원천에는 여러 가지 요인이 작용할 수 있겠지만, 이를 크게 대별해 보면, 실용적 관심과 학문적 관심이란 두 가지 원류에서 출발하는 것이 보통이다.

물론 이 두 가지 관심이 서로 완전히 독립해서 작용하는 것이라기보다는, 주제를 선정한 목적의 상대적 비중을 나타내고 있는 것이며, 따라서 실제 연구에 있어서는 이러한 제요인 또는 목적은 상호 보완되거나, 어떤 경우에는 다른 목적에로 이행해가는 수도 없지 않다.

그러나 일반적으로 이러한 주제착상의 계기나 목적의 차이에 따라 커다란 차이를 나타나게 된다.

1) 실용적 관심

인간은 항상 문제의 홍수 속에서 살면서, 이러한 문제를 해결할 수 있는 실용적 방안, 또는 정책의 강구에 깊은 관심을 갖고 있다. 우리가 연구를 하게 되는 가장 흔한 계기는 바로 이와 같은 문제의 과학적 해결을 위한 실용적 목적에서 비롯되는데, 사회과학의 경우, 대체로 다음과 같은 계기들이 그 좋은 예가 된다.

(1) 새로운 정책의 시행이 필요한지 어떤지를 결정하기 위한 기초자료의 획득이 필요한 경우, 가령 아동을 위한 학교 급식제도의 필요 여부를 학부형에게 알아본다든가, 불량 아동의 선도를 위한 새로운 시설의 필요성 여부를 알아 보는 것 등이 이 경우에 해당할 것이다.

(2) 일정한 정책내지 사회적 행동의 결과, 또는 효과를 평가 하려는 경우, 예컨대 가족계획에 대한 계몽교육의 효과, 서부 활극이 아동심리에 미치는 영향의 평가·조사 등이 그 경우이다.

(3) 여러 가지 가능한 대안 중에서 어느 방법이 특정한 목적 달성에 가장 효과적인가를 미리 추정해 보려는 경우, 가 령 공장직원의 생산성을 높이기 위하여 임금인상, 환경 개선, 인간관계의 조정, 직원의 교육훈련 등 여러 방법이 있을 수 있겠는데, 그중 어느 것이 가장 효율적인가를 알아보기 위한 조사·연구가 그 좋은 예가 된다.

(4) 장차 적절한 행동계획을 수립하기 위하여 어떤 일의 미 래를 예견할 필요가 있을 경우, 예를 들면, 인구정책을

수립하기 위하여 인구의 동태를 예측하려 한다든가, 농촌개발 사업을 위한 계획수립 과정에서 그러한 사업들이 농민의 가치관과 의식구조에 어떤 변화와 갈등을 가져올 것인지 예측해 보려는 조사연구는 이 경우에 속한다.

2) 학문적 관심

위에서 본 실용적 관심에 기인한 연구주제의 착상이 주로 특수한 상황에 대한 지식의 탐구와 그에 한정된 결론의 도출이 중심이 되는데 반해서, 학문적 또는 이론적 관심에서 연구가 시작될 때에는 보다 일반적인 문제에 더 중점을 두고, 어느 특정한 경우를 취급한다고 하더라도 그것 자체로서 중요하기보다는 일반적 현상의 일부로서 문제시하게 된다.

학문적인 관심에서 어떤 문제를 선정하는 경우에 있어서도 다음과 같은 몇 가지 다른 수준 또는 유형을 들 수 있다.

(1) 별로 연구되어 있지 않은 미개척 분야의 문제에 대해서 새로운 사실을 수집하고 새로운 견문을 쌓아가는 기초적이고도 탐색적 연구도 학문의 발전과 지식의 축적에 기초적 공헌을 한다. 이러한 연구에는 특별한 가설이나 단

련된 문제의 설정 없이도 연구를 행할 수 있어서, 신축성이 대단히 높은 것이 사실이지만, 그렇다고 해서 산만한 자료를 아무런 관련성도 없이 나열하게 되기 쉽기 때문에, 연구의 초보자가 하기 쉬운 과업도 아니라는 것을 주의할 필요가 있다.

관계 문헌을 폭넓게 섭렵해서 필요한 지식을 뽑아 내 본다든가, 또는 그 주제와 관련된 경험을 직접 한 사람이나, 특정한 사건을 조사, 분석해서 그 나름으로 체계 있는 지식을 정리하는 데는 조사기술상 대단히 숙련된 기법을 필요로 하기 때문이다.

(2) 어느 정도 연구가 되어 있는 사물에 대해서 좀 더 정확한 성격이나 관련성을 밝혀 보려는 기술적 연구는 특히 전통적 사회과학 연구에서 널리 쓰이고 있다. 이 수준의 연구에 있어서도, 연구대상에 포함된 변수들 간에 특별한 가설이 미리 설정되어야 할 필요는 없지만, 주어진 문제와 관련되는 한, 정확하고도 완벽한 정보를 수집 분석해서 체계 있는 지식의 축적에 공헌할 수 있도록 되어야 한다. 사실 우리나라의 사회과학 연구는 대부분이 아직까지 이러한 기술적 연구의 유형에 머물고 있는 셈인데 이러한 연구에서 가장 주의해야 할 점은 과학적 정밀성

에 대한 요구가 낮다고 해서, 연구의 초점마저 흐릿하게 설정해 놓고, 아무 결론도 없이 적당한 자료를 모아 원고 매수나 채워 나가는 식의 논문이 되기 쉽다는 점이다.

그러한 위험을 갖기 쉬운 문제의 예로, '우리나라 재무 행정제도에 관한 연구', '농촌사회의 연구', '한민족의 전통에 관한 연구' 등과 같이 그 연구가 제한된 시간과 능력 속에서 실제로 무엇을, 왜 밝혀 보려는지 전혀 알 수 없는 문제를 설정하는 것이 바로 그러한 경우인데, 이러한 예는 특히 학부학생들에게 졸업논문 제목을 구상, 제출하라고 했을 때 흔히 볼 수 있다.

따라서 기술적 연구에 있어서도, 그 학문적 수련의 효과를 높이고, 과학적 지식의 체계적 축적에 보다 큰 공헌을 하기 위해서는, 문제의 형성과정에서 연구의 초점을 보다 명백하면서도 간결하게 표현할 수 있어야만 그에 관한 정확하고도 완전한 정보와 자료를 수집·분석할 수 있게 되는 것이다.

(3) 두 개, 또는 두 개 이상의 변수 간에 존재한다고 가정된 원인·결과관계를 과학적 연구에 있어서 가장 이상적이고도 전형적인 유형이라고 할 수 있다.

A(변수)와 B(변수) 간의 관계에 대한 의문문의 형태로 제기된 문제에 대해서, 특정한 방향으로의 관계를 가정한 가설을 세우고, 이 가설의 진위여부를 실험을 통해서 검증해 보려는 이러한 연구는, 자연과학 분야에서는 가장 보편적이고도 어떤 점에서는 거의 필수적인 연구유형이지만, 사회과학 연구에 있어서는 극히 제한된 일부 분야, 예컨대 행태과학적인 심리학이나 사회학연구 또는 이러한 기초학문과 관련이 있는 전문 학과들인 경영학, 교육학, 행정학 등에서 일부 시도되고 있을 뿐이고, 그 외의 분야에 있어서 엄격한 실험적 연구는 그 적용이 거의 불가능하다.

다만 근대자연과학의 비약적 발전을 가능케 한 이 실험적 연구의 발상과 기법이 갖는 매력과 중요성은 사회과학도 들에게도 깊은 영향을 주고 있어서, 엄격한 기준에 따른 실험적 연구는 할 수 없지만, 그 방법과 기술을 도입한 실험적인 연구법을 통해서 사회적 변수 간의 인과관계를 검증해 보려는 노력은 상당히 활발해지고 있다. 예컨대 국민교육수준의 변화가 민주주의의 발전과 깊은 상관관계가 있는지에 대해서 연구하고자 할 때에 두 변수를 인위적으로 통제·조작하는 실험은 할 수 없지만, 정선된 역사적 자료와 사회 비교적 자료를 수집·분석해 봄으로써, 두 변수 간의 인과 또는 상관관계의 유무를 추리하는 것이 전혀 불가능한 과제는 아닌 것이다.

우리들이 학문적 연구를 통해서 궁극적으로 얻고자 하는 것이 자연현상이던 사회현상이던 간에, 어떤 사물에 대한 정확한 기술을 밑받침으로 그 변화의 원인과 결과를 설명할 수 있는 이론을 얻고, 그 이론을 바탕으로 해서 그러한 변화가 우리 인간에게 보다 바람직한 방향으로 일어날 수 있도록 예측하고 통제할 수 있는 기술적 방편을 얻고자 함이라면 사물의 인과관계를 검증하려는 연구는 모든 과학도의 궁극의 목표일 수밖에 없다.

우리가 사물의 인과관계를 증명하는데 최선의 방법인 실험적(및 준실험적) 연구를 과학적 연구의 이상형이라고 보고 이러한 연구에 시동을 걸어주는 문제의 설정이, 즉 두 변수 간의 인과적 상관관계를 의문형으로 표시하는 것임을 강조하는 것도 바로 이러한 이유에서이다.

3. 주제를 선정할 때에 고려되어야 할 요건

지금까지 주제 선정의 의의, 절차, 유형 또는 착상의 여러 가지 계기 등을 설명해 오면서 좋은 연구주제를 선택하려면 어떤 점을 특별히 유의해야 할 것인가에 대해서도 앞서 언급을 하였지만, 여기서 다시 한 번 이러한 요소들을 종합해서 모든 연구자들로 하여금 그들의 주제 선정 과정에서 계속적으로 검토, 단련시켜 나갈 수 있는 하나의 기준 또는 척도를 제시하고자 한다.

1) 연구자의 흥미

겉으로 보기에 아무리 훌륭하고 또 객관적으로 실제성이 있는 문제라고 하더라도 연구자 자신이 평소부터 흥미와 관심을 가져온 문제가 아니면, 연구 활동이란 어찌 보면 매우 지루하고도 단조로운 과정에서 끝을 맺지 못하고 중도에서 포기해 버리거나, 또 설령 끝맺음까지 했다 하더라도 대단히 비능률적인 것이 되기 쉽고, 그 연구의 결과가 자기의 지식에 소화 흡수되는 비율도 지극히 낮은 비생산적인 연구가 되기 쉽다.

따라서 논문의 주제 선택에서 가능한 한 자기가 평소에 관심이 있어서 자료를 꾸준히 모아 왔고, 또 그 문제에 대한 보다 많은 지식의 획득이나 새로운 해결방안의 모색이 자기의 장래에도 도움이 된다고 믿는 주제일수록, 연구 활동에 싫증이 나지 않고 능률도 올라갈 것이다.

2) 명료성, 구체성

훌륭한 결실을 맺을 수 있는 연구는 그 연구의 주제가 큰 것에서 이룩된 것이 아니라, 작지만 분명하고도 구체적인 질문형의 문제를 제기한 경우에 이룩되는 것이 보통이다. 연구의 목적이 크고 웅대한 데 있다고 해서 연구의 주제도 따라서 크고 웅장하게 형성되어야 하는 것은 아니다. 특히, 전초적 연구자들이 연구를 시작하면서 가장 흔히 범하기 쉬운 잘못은 문제를 너무 크게 잡으려는 태도이다. 얼핏 생각하면 이왕 연구를 할 바에야, 아주 큼직한 문제, 예컨대 '국제평화를 위한 방안'이라던가, '민주주의 발전사'라던가 하는 따위의 거창한 문제를 놓고 연구를 해야 보람이 있을 것 아니겠느냐는 생각에서, 이런 문제를 들고 나오는 경우를 자주 보게 된다. 물론 이런 큰 문제가 학문연구로서 의미 없다는 것이 아니라 이런 것은 학자로서의 완전한 훈련을 받은 전문연구자가 평생을 통해서 쌓아올린 연구들을 집대성한 논저의 주제이지, 제한된 시간에 일정한 학문적 수련의 정도를 보려 하는 석사학위급 이하의 연구주제로서는 맞지 않을 것임은 두말할 것도 없다. 연구자는 그의 학문적 수련을 쌓아갈수록, 큰 문제에 부닥쳐서도 그것을 크게만 보지 않고, 보다 구체적이고도 선명한 예각적 문제로 바꾸어보고 쪼

개 보는 안목과 능력을 키워 가는 과정이라고 할 수도 있다.

3) 조사가능성

논문의 주제를 선정 형성함에 있어서 고려해야 할 가장 중요한 실질적 기준은, 그 주제를 다루는 데 필요한 자료의 수집이 가능한가의 문제이다. 주제가 아무리 흥미가 있고, 실천적으로나 이론적으로 절실히 요구되는 문제라 할지라도, 그것에 접근하는 데 필요한 자료를 구할 수 없으면 연구를 진행할 수가 없다. 자료 수집이 가능하다는 것은, 첫째로 자기 능력에 비추어 주어진 시간과 비용의 범위 안에서 필요한 자료가 만족할 만큼 수집될 수 있어야 한다는 것이다. 만일 자료가 없거나, 있어도 극히 미미한 것에 불과하거나, 또는 주어진 시간과 비용에 비추어 자기 힘이 부치는 것이라고 생각되면 주제를 바꿀 수밖에 없다.

조사의 실현 가능성을 점검해 보는 두 번째 기준은, 자기가 제기한 문제에 포함된 개념들이 경험적 자료에 의해서 측정되거나 처리될 수 있는 것인가의 문제이다. 이는 특히 자연과학의 실험적 연구에 있어서는 말할 것도 없고, 사회과학에 있어서도 행태학적, 또는 과학적 접근을 해 보고자 할 때 대단히 중요한 기준이 된다. 예컨대 '국민적 단결이 경제발전을 촉진하는가?'와 같은 문제를 제기한 경우, 이를 조금만 과학적으로 연구코자 하면, 첫 번째 당면하는 문제가, '국민적 단결'이란 용어의 개념을 어떻게 조작화(operationalization)해야 경험적 자료(empirical data)를 수집할 수 있는가의 어려운 과제에 직면하게 된다.

이와 같이 너무 추상적이거나 형이상학적 개념으로 문제를 제기한 경우는, 철학이나 윤리학에서는 가능하지만 과학적 연구논문의 주제로서는 극히 어렵거나 불가능한 것이 된다.

4) 학문적 공헌도

우리가 귀한 시간과 정력을 기울여 연구를 행하는 가장 중요한 목적의 하나는, 인류가 가진 거대한 지식의 체계에 조금이라도 도움이 되고자 함이다. 물론, 아직도 학문하는 방법을 교육받고 있는 단계에서 새로운 과학적 이론이나 지식의 체계에 큰 도움이 될 연구논문을 쓴다는 것은 실로 어려운 일이지만, 그렇다고 해서 연구논문에 임해서 그 학문적 공헌의 가능성을 완전히 배제할 수는 없는 일이고, 이것은 특히 석사학위 이상의 논문을 쓰고자 하는 경우에 중요한 기준이 된다.

여기서 말하는 학문적 공헌도란, 무슨 엄청난 새 이론을 독창적으로 끌어 낼 수 있어야 한다는 뜻이 아니고, 특정한 연구주제의 선정을 통해서, 그 주제와 관련된 우리의 지식을 조금이라도 더 증대하고 과학화시킬 수 있는 방법이 모색될 수 있다면, 그러한 방법론적 공헌까지를 다 포함하는 광범위한 뜻으로 쓰일 수 있다. 예컨대, 미개척 분야를 파고드는 것일 때나, 이어 많이 연구된 문제이지만, 중요한 개념에 대한 정의를 더욱 정밀하게 하는 것이거나, 자료의 수집·분석방법을 개선하거나, 또는 다른 분야에서 나온 이론이나 개념을 새로 도입·응용해 본 것이거나, 새로운 상황에서 자료를 수집·분석한 결과를 통해서 이미 얻어진 이론이라도 그 보편성을 넓혀가는 경우 등, 실로 많은 가능성 중에서 어느 한 가지만 충실히 이룩될 수 있다면, 그 연구주제가 높은 학문적 공헌을 한 것이라고 할 수 있다.

　그러나 연구의 주제를 선정하면서, 위의 어느 한 가지에 대해서도 별로 도움이 될 수 없는 문제, 즉 이미 많은 사람이 다루어 왔고, 따라서 새로운 개념도, 자료도, 해석도 더 보탤 여지가 별로 없는 진부한 문제를 택해서, 남이 해놓은 연구나 몇십 페이지씩 도용하는 결과가 초래됐다면, 이는 연구 자체가 무용한 것일 뿐만 아니라, 학문할 마음가짐이 전혀 안 되어 있는 사람이라고 할 수밖에 없다.

5) 실용적 기여도

우리의 학문적 연구가 완전한 공리공론에 빠지지 아니하고, 우리가 당면한 실제적 문제의 해결에 도움이 될 수 있어야 한다는 것은, 상식 이전의 문제이다. 물론 순수과학과 응용과학의 경우에 약간의 차이가 없는 바는 아니지만, 학문을 연구하는 궁극의 목적은 우리가 당면한 문제를 해결하는 데 도움을 얻고자 함이다.

따라서 생명이 오래가는 연구, 더 많은 사람이 관심을 갖는 연구, 그래서 좀 더 절실한 연구는 더 높은 실용적 기여도를 갖는 주제에 대한 연구이다. 바로 그러한 이유로 해서, 우리가 어떤 연구주제를 선정할 때에 그것이 곧 예리하고도 투철한 문제의식의 소산이 되기를 바라는 것이다. 우리 주변의 어떠한 문제가 있나 많은 사람들이 보다 절실하게 그 해결을 필요로 하고 있는 것인가를 꼬집어 찾아내는 능력과 안목, 즉 예리한 문제의식은 연구자의 통찰력뿐 아니라, 그 자체가 하나의 폭넓은 기초조사 작업을 통해서 얻어질 수 있는 것이다.

제4장

연구계획서의 작성

정밀한 연구계획을 세우고, 체계 잡힌 연구계획서(research proposal)를 작성하는 일은 연구수행에 있어 제1차적 단계이며, 그것은 매우 중요한 과정의 하나이다. 왜냐하면 선정한 연구주제(thema, theme)를 연구 가능한 것으로 전환시키는 기초 작업인 동시에, 연구목적을 효율적으로 달성하고 성과 있는 연구결과를 얻기 위한 필수적인 과정이기 때문이다. 따라서 연구자는 훌륭한 연구계획서를 작성하고, 그것을 연구실행지침으로 삼아야 한다.

그런데 대체로 연구의 초보자는 정밀하고 체계 잡힌 연구계획을 세움에 있어 단순히 그 어떤 희망이나 기회의 포착에 매

달리거나, 자료(data)의 수집과 그것을 분석하는 과정에서 연구의 방향을 잡고 연구를 추진시키는 경향이 있다. 그러나 모든 연구 활동은 그 어떤 독특한 재능을 발휘하는 창작적 활동과는 달라서, 구체적인 계획을 세우고 그것을 지적(知的) 정직성과 인내로 추진시켜 나가는 기계적인 절차가 필요하고 또한 존중되는 것이다. 그러한 과정에서 연구계획서는 마치 설계도와도 같은 것이어서, 연구계획서가 먼저 작성되어야만 연구자는 입안된 계획서에 따라 정력과 시간을 낭비함이 없이 능률적으로 연구를 추진시킬 수 있고, 또한 연구기관이나 지도교수와 같은 제삼자의 비판과 협의 그리고 지도·조언을 받을 수도 있는 것이다.

요약하면, 연구계획서가 지니는 의의는 연구구상을 문서화함으로써, ① 자기구상의 적부를 자각·발견하여 연구의 지침을 삼는데 도움이 되고, ② 추진시켜야 할 연구과업과 수집해야 할 자료에 대한 안내와 목록의 구실을 하며, ③ 제삼자의 비판과 지도·조언을 받고 협의의 자료로 쓰일 수 있게 되는 것이다.

1. 연구계획 과정에서 고려해야 할 기본사항

연구계획이란 주제해결을 위한 방안을 수립하고 실천하는 방법을 제안하는 과정이다. 따라서 연구계획에서는 연구의 필요, 목적, 가설, 방법 그리고 결과 등에 관한 설계를 해야 한다. 그 가운데서 특히 유의해야 할 몇 가지의 기본사항을 제시하면 다음과 같다.

(1) 연구계획은 연구의 문제, 방법 그리고 결과에 이르는 일관된, 그리고 종합적인 사고과정을 거쳐 구상되어야 한다. 즉, 연구문제는 의의 있고 해결 가능한 것이어야 하고, 연구방법은 연구문제를 합리적으로 해결할 수 있는 타당한 방법이어야 하며, 연구결과는 학문발전에 공헌할 수 있는 것이어야 한다. 그 같은 구상은 일관성 있고 종합적이며 과학적인 사고과정을 거쳐 구상되어야 한다.

(2) 연구계획은 타당한 이해적 배경을 기초로 해서 구상되어야 한다. 즉, 이론 없는 연구계획은 허구에 불과하기 때문이다. 모든 연구계획은 포괄적이고도 넓게 쓰이는 원리적인 것, 체계 있는 정리된 법칙, 논리적인 모형 등, 이론적인 기초에 근거해서 수립되어야 한다. 특히 이론적인

배경을 경시하기 쉬운 조사연구, 실험연구, 실천연구 등
에서는 이론적인 기초에 근거를 두어 연구계획을 구상해
야 할 것이다.

(3) 모든 연구계획에는 명확한 연구방법이 제시되어야 한다.
즉, 연구계획은 연구방법에 관한 설계라고도 할 수 있기
때문에 주제 해결에 필요한 분명하고도 충분한 준거와
기준, 비교하고 통제할 수 있는 조건과 처치 등을 포함한
연구방법을 명시해야 한다.

2. 연구계획서의 유형

정밀한 연구계획을 세우고, 체계가 잡힌 연구계획서를 작성
하는 일은 결코 쉬운 일이 아니다. 연구계획서에는 그 어떤 획
일적이고 일반화된 서식이나 양식이 있는 것도 물론 아니며,
또한 있을 수도 없다. 왜냐하면, 인문과학, 사회과학, 자연과학
등 학문 분야에 따라, 그리고 연구주제 연구문제, 연구방법 등
에 따라 연구는 다양하게 이루어지며, 그 같은 다양성에 따라
연구계획서도 다양하게 작성될 수 있기 때문이다.

그러나 머튼(R. K . Merton)이 지적하는 바와 같이 연구계획

서는 누가, 무엇을, 왜, 어떻게, 언제, 어디서(who, what, why, how, when, where) 연구하겠다는 것을 나타내는 연구청사진이라고도 할 수 있기 때문에 그 같은 과학적 사고과정을 반영시킨 보편적인 체제는 구상할 수 있을 것이다. 과학적 사고과정을 체계적으로 구상해 보는 포괄적이고도 종합적인 집약단계가 연구계획의 수립과정이라고 할 때, 그 어떤 연구에서도 ① 문제의 선정, ② 문제에 관한 이론적 배경의 검토, ③ 가설(가정)의 설정, ④ 연구의 설계, ⑤ 자료의 수집, ⑥ 자료의 분석, ⑦ 결과의 해석 등과 같은 과학적 연구단계의 순서와 내용만은 고려되어야 한다.

이하, 연구계획서를 작성하는 데 지침이 될 수 있는 여러 가지 양식(서식)을 참고로 제시하면 다음과 같다.

1) 연구계획서의 일반형

〈유형 1〉 연구계획에 포함시켜야 할 모든 항목들을 모두 포함시킨 형

1. 연구주제명
2. 연구의 필요(또는 동기나 취지)
3. 연구의 목적(또는 문제)

4. 연구의 의의(또는 공헌도)

5. 이론적 배경(또는 이론적 기초)

6. 가설의 제기(또는 가설의 설정)

7. 연구의 방법(실상, 도구, 자료, 통계처리 등)

8. 실행과정(또는 실험설계)

9. 기대되는 결과(또는 예상되는 성과)

10. 연구의 일정과 조직

11. 참고문헌(또는 관계 문헌의 개요)

부록: 1. 최종보고서의 양식

　　　2. 처치도구

　　　3. 질문지(검증도구)

　　　4. 기타자료(조사내용 또는 실천내용 등)

〈유형 2〉 교육부가 제시한 형: 교수들의 학술연구 조성비 신청용

1. 연구자 성명

2. 연구과제명

3. 연구의 필요성

4. 연구목적

5. 내외 연구동향

6. 가설의 설정

7. 연구방법의 개요

8. 연구일정

9. 소요경비 내역서

10. 시행계획 또는 세부계획

11. 기대되는 성과 및 활용방안

12. 소요연구기기

13. 참고문헌 목록

〈유형 3〉 연구계획서에 꼭 넣어야 할 항목만을 제시한 형

1. 연구제목

2. 연구목적

3. 연구범위

4. 연구방법

5. 연구내용의 개요

6. 국내외학계의 연구동향

7. 관계문헌목록

8. 예상되는 효과

9. 연구기간

〈유형 4〉 어떤 연구계획서에서나 필수적으로 제시해야 할 최소한의 항목을 나열한 형

1. 연구주제
2. 문제의 진술(필요, 문제, 목적, 가설 등을 포함시킬 수 있다)
3. 이론적 배경(기초내용, 이론, 모형, 개념, 정의 등을 포함시킬 수 있다)
4. 연구의 방법(표준, 도구, 실행절차, 자료처리 등을 포함시킬 수 있다)
5. 예상되는 결과(기대되는 성과)
6. 참고문헌

2) 연구계획서의 특수형

〈유형 1〉 조사연구의 계획서

1. 연구주제명
2. 연구의 목적(또는 문제의 진술)
3. 이론적 배경(또는 이론적 기초)
4. 가설의 제기(또는 연구의 가설)
5. 연구의 방법(표집, 도구, 절차, 자료처리)
6. 기대되는 결과(예상되는 성과)

7. 참고문헌

부록: 1. 보고서 양식

2. 검증도구

3. 기타자료

〈유형 2〉 실험연구의 계획서

1. 연구주제명

2. 문제의 진술(또는 연구의 목적)

3. 이론적 배경(또는 이론적 모형)

4. 가설의 제기(또는 가설의 설정)

5. 연구의 방법(표집, 도구, 통계처리 등)

6. 실험설계(또는 실험절차)

7. 기대되는 결과(또는 예상되는 성과)

8. 참고문헌

부록: 1. 보고서의 양식

2. 실험도구

3. 측정도구(검증도구)

4. 기타자료

〈유형 3〉 실천연구의 계획서

1. 연구주제명
2. 연구의 개요
　　　1) 연구의 필요(또는 동기)
　　　2) 연구의 목적(또는 문제)
　　　3) 연구의 의의(또는 공헌도)
3. 기초조사(또는 선행 연구의 결과)
4. 이론적 배경(또는 이론적 모형)
5. 가설의 제기(또는 가설의 설정)
6. 연구의 방법
　　　1) 대상　　2)도구　　3)통계처리
7. 실천과정(또는 처리과정)
8. 검증과정(또는 실증절차)
9. 기대되는 결과(또는 예상되는 성과)
10. 연구일정 및 조직
11. 참고문헌
부록: 1. 보고서 양식
　　　2. 처리도구
　　　3. 검증도구

3. 연구계획서의 각 항목에 관한 설명

앞에서 제시한 연구계획서의 〈유형 1〉은 연구계획서에 포함시켜야 할 이전 항목을 모두 나열한 세 안이다. 따라서 복잡하고 산만한 점이 없지 않으며, 그 어떤 연구계획에서나 일률적으로 적용되어야 할 대표적인 유형도 물론 아니다. 그리고 독창성을 존중하는 그리고 인문과학, 사회과학, 자연과학 등 다양한 연구 활동에서 그 어떤 표준화된 연구계획서의 유형이 있을 수도 없다. 다만, 여기서는 연구계획서를 입안할 때 참고가 될 수 있도록 일단 이전 항목을 제시하고 아울러 각 항목에 대한 약간의 설명을 가하기로 한다.

1) 연구주제(논문 제목)

연구주제(제목)는 그 어떤 연구물에 대한 명명인 동시에, 얼굴(용안)과도 같은 것이다. 따라서 제목만 보아도 그것이 무슨 연구인가를 분명히 알 수 있도록 포괄적이면서도 간결·명료하게 연구의 내용, 방법, 대상이 제시되어야 한다. 그러면서도 연구 제목은 표현이 정확하고 짧기가 적당하며 연구의 내용을 알기 쉽게 기술해야 하는 어려움이 있는 것이다. 만일, 주제

(main-title)가 지나치게 간결하게 표현되어 그 뜻이 모호해지기 때문에 어느 정도의 부연이 필요한 경우에는 부제(sub-title)를 붙이는 것도 무방하지만 가급적 피하는 것이 좋다. 그리고 연구제목을 잠정적으로 정하고 연구의 문제, 내용, 방법의 확정 등 연구를 진행시키는 과정에서 제목을 부분적으로 수정하는 것도 하나의 방법이 될 수 있다.

2) 연구의 필요성(동기, 취지, 개요)

이 항에서는 연구주제나 연구문제가 제기된 필요, 동기, 취지, 이유, 원인, 중요성 혹은 연구의 개요 등을 기술한다. 즉, 학문적, 실제적 중요성을 밝히기 위해서 구명해야 할 연구의 동기나 이유가 무엇이며, 연구문제를 해결해야 할 필요나 원인이 어디에 있는가 등을 분명히 그러나 간략하게 압축해서 기술해야 한다. 그리고 이 항목은 다음 항(연구의 목적)에 포함시켜 함께 서술할 수도 있다.

3) 연구의 목적(또는 문제)

이 항에서는 앞(연구의 필요)에서 논급된 연구의 동기, 취지,

이유 등에 근거해서 연구의 방향이나 초점 또는 기본목표 등을 논리적, 분석적으로 제시해야 한다. 기술방법은 제기된 연구의 방향이나 초점을 제시한 후 가능한 한 항목별, 개조식으로 쓰되, 논리적 순서대로 배열하는 것이 바람직하다.

실험연구 등에서는 이 항(연구의 목적) 대신에 연구의 필요와 목적 그리고 문제 등을 한데 묶어 '연구문제의 진술'이라는 형식으로 기술하기도 한다. 이때 개개의 연구문제는 광범하고 막연한 진술을 피하고 구체적이고도 한정적으로 기술하되 의문문으로 진술하는 것이 보다 이해를 높이는 데 도움을 준다. '문제의 진술'에서 고려해야 할 몇 가지 준거를 제시하면 다음과 같다.

(1) 연구문제는 반드시 두 가지 이상의 변인(variables)이 상호관계의 형태로 진술되어야 한다는 점이다. 변인 A와 변인 B는 관계있는가? 변인 A와 변인 C는 C와 D라는 조건 아래에서 어떻게 관계되어 있는가라는 식으로 진술되어야 한다.

(2) 연구문제는 의문 적으로 진술되는 것이 좋다. 누구나 어떤 문제에 해답을 얻고자 하면, 그 해답을 얻고자 하는 문제가 무엇인지를 분명히 알아야 한다. 그렇기 때문에 연구문제는 의문문으로 제시되는 것이 보다 효과적이다.

그렇다고 긍정문으로 진술되는 것을 절대로 삼가라는 뜻
은 아니다.

(3) 연구문제의 진술은 은연중에 그것이 경험적 검증이 가능
하다는 것이 나타날 수 있도록 진술되어야 한다. 경험적
검증이 가능하지 않을 것 같은 문장으로 진술되는 것은
실험연구에서는 금물이다. 실험이란, 곧 어떤 과학적 법
칙의 발견 및 확인에 있다. 어떤 문제이건 그것이 경험적
검증이 불가능한 상태로 진술된 문제는 실험연구의 범위
를 벗어난 형이상학적 영역의 문제로 규정해야 한다.

4) 연구의 의의(또는 공헌도와 기여도)

이 항에서는 이전 항(연구의 필요 및 목적)과 관련해서 이 연구
가 학문발전에 어떤 공헌과 가치를 지니고 있는지, 그리고 이
연구를 통해서 궁극적으로 해결하려는 것이 무엇인지 또 그에
의해서 시사받으려는 것이 무엇인지 등을 논급해야 한다. 여기
서 유의해야 할 것은 전항에서 논급된 연구의 필요나 목적과를
엄격히 구별하여, 그 연구의 가치 또는 학문발전에의 직접적인
공헌도 또는 기여도를 이론적. 방법적, 실제적 측면 등에 중점
을 두어 기술해야 하는 점이다.

5) 이론적 배경(또는 이론적 기초)

이 항에서는 연구를 수행하는 데 직간접으로 필요한 원리, 법칙, 이론 그리고 선행 연구의 결과 등을 종합하여 체계 있게 제시해야 한다. 여기서는 원리적 체계, 경험의 종합정리, 논리적인 근거 등을 제시해야 하기 때문에, 마땅히 기존의 이론이나 관련 문헌, 선행 연구물 등을 중심으로 해서 기존의 이론을 긍정, 발전, 수정 또는 부정하는지의 여부를 밝히고, 또한 선행 연구결과의 특징, 공헌, 장단점 등을 비판하면서 자기의 연구는 어떤 측면에서 접근(approach)해 갈 것인지를 암시하는 동시에 자기의 연구주제를 해결해 나가는 데 기본이 되는 이론, 전제, 가정, 명제들이 무엇인지를 논리적 일관성(logical consistency)에 따라 분명히 논급해야 한다.

역사적 연구의 경우, 어떤 사관에 따라 자기가 연구하려는 역사적 사실이나 사건을 볼 것이며, 또 왜 그렇게 보아야 할 것인지, 그리고 사관을 달리함으로 해서 오는 역사적 사실 및 사건에 대한 해석이 어떻게 변화할 것이라는 것을 기술해야 한다. 철학적 연구의 경우, 그 어떤 현상을 어떤 철학적 관점에 따라 볼 것인가가 제시되어야 한다. 보는 눈, 혹은 참조체제 (frame of reference)는 기존하는 그 어떤 철학적 사상이나 이념을 빌려 올 수도 있고, 자기가 스스로 창안하여 제시할 수도 있지만, 중요한 것은 그 어떤 경우이든 이론적 일관성이 있어야 한다는 점이다.

어쨌든 이론적 배경(이론적 기초)은 연구를 수행하는 데 필요한 가설 설정의 근거나 배경의 역할을 담당해야 한다.

6) 가설의 제기(가정의 설정)

가설은 두 개 혹은 두 개 이상의 변인사의 관계에 관한 추측적인 진술문이다. 이 항에서는 연구문제나 이론적 모형을 바탕으로 하고 다음 항의 연구의 방법이나 검증과의 관련 하에 가설(가정)을 분명하게 설정해야 한다. 가설을 설정하는 과정에서 유의해야 할 일은 대상의 특수성을 지적하는 가설, 기술 가설, 변수 간의 원인관계를 검토하는 가설 등을 비롯한 여러 가지 가설의 종류 가운데서 주제 해결에 합당한 종류와 량의 가설을 법칙이나 이론에 근거하여 현재형의 문장으로 기술해야 한다는 점이다. 훌륭한 가설의 준거는 ① 반드시 이론적 배경의 논의에서 연역적으로 추출된 것이어야 하고, ② 가설은 반드시 변인들 사이의 관계로 진술되어야 하며, ③ 그것은 경험적으로 검증될 수 있는 상태로 진술되어야 한다는 것이다.

7) 연구의 방법(절차, 대상, 도구, 자료, 처리 등)

이 항에서는 주제 해결에 활용 또는 동원될 수 있는 최적의 모든 연구방법을 제시하고 그것을 구사하는 데 필요한 기법에 관해서 간결하게 명시해야 한다. 일반적으로는 연구절차, 연구대상, 활용도구, 자료의 수집과 분석 및 처리 등을 기술하게 된다. 즉, 연구절차에서는 어떤 내용을 어떤 방법과 도구를 사용하여 연구를 수행하여 나갈 것인가를, 연구대상에서는 표집의 대상, 종류, 규모, 표집추출 방법 등을, 활용 도구에서는 도구(조사표, 관찰척도, 질문지, 검사표 등)의 제작과정, 특성, 신뢰성, 타당성, 객관성, 활용방법(실시방법) 그리고 보조기기와 그 구사방법 등을, 자료의 수집과 분석 및 처리에서는 자료(표본)의 성격, 종류, 범위, 자료 수집의 시간적 계획과 수집 장소, 자료 수집 구성원, 자료 분석에 필요한 도구, 자료 분석방법 등에 관하여 상세히 기술해야 한다.

여기서 유의 할 점은 이론적 연구, 역사적 연구, 실험적 연구 등에 따라 연구방법은 큰 차이가 있으니, 각기의 연구방법 자체에 대한 연구를 평소에 해두어야 한다는 것이다.

8) 실행과정(실험설계)

이 항은 전 항(연구의 방법)에 포함시킬 수도 있다. 그러나 실행과정이나 실험설계에 관해서 특히 밝히고 싶을 때는 연구문제 및 가설의 실행 계획과 검증방법 그리고 변수의 통제방법 등에 관해서 기술한다. 실증적 연구나 실험적 연구 등에서는 이 항의 계획이 가능한 한 세밀해야 하며, 이 계획이 구체적일수록 연구의 추진은 용이해진다고 하겠다.

9) 기대되는 결과(예상되는 성과)

이 항에서는 추진시키고자 하는 연구가 학문적인 분야나 실제 적응 분야에 어떤 중요성과 효용성을 가지며, 그것이 어떻게 그리고 어느 정도로 학문발전에 기여할 것인가에 관해서 기술한다.

10) 연구의 일정과 조직

이 항에서는 연구의 계획(입안), 조직, 자료의 수집·분석, 종합, 연구결과의 해석과 보고(서) 등 연구 진행상의 각각 단계별

의 시간과 노력의 배분을 체계적으로 도표화해서 기술하는 것
이 바람직하다. 특히 연구의 조직은 공동연구의 경우, 연구진
의 역할 분담을 연구자의 능력에 맞추어 배분하여야 함은 두말
할 필요도 없다.

11) 참고문헌록

연구계획서에 참고문헌이나 관계문헌의 개요를 명시하는
것은 매우 중요하다. 이는 이론적 기초를 수립하는 데 배경이
될 뿐만 아니라, 연구수행상의 지침이 되기 때문이다. 특히 문
헌의 내용 중에서 자기의 연구와 관련이 있는 부분만을 요약한
관계 문헌의 개요를 제시하는 방식은 더욱 바람직하다.

12) 부록

이 항에서는 보고서의 양식(목차), 활용할 각종 도구, 각종 기
초자료 등을 제시한다.

제5장

연구방법론

연구란 여러 가지 학문 분야에서 아직 밝혀지지 않은 사실이나 지식 또는 어떤 문제의 해결책을 찾아내는 작업이라고 할수 있다. 이와 같이 새로운 사실이나 지식 또는 어떤 문제의해결책을 찾아내는 데 있어서 막연한 추측만으로는 이루어질수 없으며, 우선 이러한 것들을 찾아낼 수 있는 실마리, 즉 단서나 뚜렷한 사실 또는 예측이나 가정 등에 따라서 그 가능성을사전에 검토해야 한다. 따라서 어느 정도의 가능성만 있으면이를 확인할 수 있는 근거자료를 빠짐없이 수집해서 이를 분석하고 평가하여 그것을 객관적으로 명확하게 입증할 수 있어야만 한다.

학문연구는 새로운 사실, 새로운 지식, 어떤 문제의 해결책 등등 그 목적하는 바를 객관적으로 명확하게 밝힐 수 있는 근거자료를 구체적으로 치밀하게 조사하여 일정한 형식과 논리에 따라서 입증하여야 한다. 따라서 이러한 증거자료를 조사하여 수집하고 이를 분석하고 평가하는 방법은 무한히 다양하다. 그러나 이러한 방법가운데 전통적인 방법을 크게 구분해 본다면 다음과 같다.

(1) 문헌자료를 근거로 하는 연구방법(문헌적 연구방법)
(2) 실태조사 자료를 근거로 하는 연구방법(실태조사법)
(3) 과학적 실험결과의 자료를 근거로 하는 연구방법(실험적 연구방법)
(4) 사례 연구법(Case Study)
(5) 질적 연구방법: 다섯 가지 접근

어떠한 조사방법이든 이러한 일반적인 연구방법은 2개 내지 그 이상을 같이 사용하는 것이 사실상 바람직하다.

1. 문헌적 연구방법

문헌적 연구방법이란 문서와 기록의 연구를 통해서 새로운 사실과 원리를 습득하는 데 필요한 학술활동에서 유래된 이 방법은 모든 학문에서 널리 사용될 수 있고, 특히 역사, 문학, 언어학 기타의 인문학 연구에 있어서 중요하다. 역사가들이 종종 이 방법을 이용하고 있기 때문에 이를 일컬어 역사적 방법이라고도 부른다. 이 방법은 과거의 사실을 조사하는 데 유용하지만, 또한 시사적인 사실을 연구하는 데에도 적용할 수 있다. 예를 들면, 미국은 2차 대전 때에 이 문헌적인 방법으로 적군과 반군의 암호를 해독하는 데 이용하였다. 그러므로 이 방법은 역사적인 연구에만 한정시킬 필요는 없다.

자료를 수집·분석하는 이 방법은 가장 오래된 방법이라고 할 수 있다. 그리스의 역사가 투키디데스(Thucydides)는 펠로폰네스 전쟁의 원인과 경과를 자세히 조사해서 인간의 행동과 지배에 대한 어떠한 원리를 수립하고자 할 때 이 방법을 사용했던 것이다. 아리스토텔레스(Aristotle)도 그리스의 극과 시를 연구할 때에 이 방법을 사용하였다. 그러나 현재 이 방법은 고대 그리스의 역사가와 철학자들이 사용하던 때 보다는 더욱 크게 발전하여 정확성을 띠게 되었다.

근본적으로 말하면, 문헌적 연구방법은 문서와 기록물에서 얻어낸 증거를 논리적인 방법으로 입증하고, 그 증거에서 지금까지 알려지지 않은 사실을 밝히거나, 과거나 현재의 사건, 인간의 동기, 성격, 사상에 대한 관점에서 건전한 객관성을 제시해 주는 결론을 형성하는 것이다. 이 문헌적 연구방법은 인간의 문헌을 다루는 데 주로 적용되고 있기는 하지만 그 과정에 있어서는 몇 가지 유형의 비인간적인 기록을 연구하는 데에도 효과를 볼 수 있다. 예를 들면, 지질학에 있어서 지구발달사는 지층, 화석 등의 단편에 의해서 종합될 것이다. 여기에서 조사된 문헌이라 함은 글로 쓰여진 기록이나 인간 활동의 유물은 더욱 아니다. 여기에서 문헌이란 사건에 대해서 관찰할 수 있는, 그리고 다소 영구성을 지닌 기록을 구성하고 있는 단순히 자연적인 사실을 말한다.

쓰여진 기록이 아무리 완전하고 정확하다 할지라도 선사시대의 생활양식에 대해서는 우리가 기록에서 알 수 있는 것보다는 화석 그 자체가 더 정확하게 말해 주고 있다.

문헌은 어떻게 연구되는 지를 고려하기 이전에, 왜 연구하는 지 그 이유를 구명해야 할 것이다. 이에 대한 대답은 배우려고 하는 인간의 욕망에 있는 것이다. 기록된 인간의 역사나 선사시대에 대한 지식이 실질적인 가치가 있는 것이든 없는 것이든

간에 대부분 우리는 과거의 역사를 익히고 숙고하는 데 흥미를 가지고 있다. 그래서 우리의 호기심은 어느 문헌을 연구하는 경우이든 충분한 정당성을 제공하게 된다. 그러나 이러한 수단에 의해서 우리는 과거의 사실로부터 보편화를 이룰 수 있고, 이것이 우리 현재에 있어서의 지침이 될 것이다. 더욱이 현재의 사상과 흥미와 태도는 우리가 그 기원과 그러한 것이 성장하고 있는 단계를 단정했을 때 보다 더 잘 이해되는 것이다. 그래서 문헌은 단순히 고물연구의 가치를 지니는 것이 아니라 자연과 인간에게 넘치는 활력을 제공할 수 있는 것이다. 우리는 우선 문헌을 이해하고, 둘째로 문헌으로부터 사실을 발견하고, 셋째로 만약 그 사실이 인간의 기록이라면, 그 기록의 저자나 기원자에 대한 것을 익히고, 끝으로 이 문헌에 대한 보편성을 얻기 위해서 과거와 현재의 기록을 연구하는 것이다.

1) 문헌적 연구 자료의 종류

문헌적인 연구에 있어서의 자료는 앞서 2장에서 설명한 모든 도서관 자료라고 할 수 있다. 그리고 학생들에게 가장 기초적인 자료는 역시 그중에서도 특히 각 전공 분야의 단행본서와 전문 분야의 정기간행물, 그리고 논문집이라고 할 수 있다. 그러나 문헌적인 연구에 있어서의 본격적인 증거자료는 주로 사료나 법규집, 공적인 기록, 선행 연구 문헌 등의 원자료에서 그 데이터를 수집하게 된다.

일반적인 도서관 자료에 대해서는 이미 설명하였으므로 여기에서는 주요한 원자료만을 살펴보기로 한다.

(1) 공적인 기록

이것은 법적인 기록(법정절차의 사본), 법률 및 기타 법률조문, 회의록, 정부의 보고서, 조직체의 업적에 관한 위원회의 보고서, 심의회의 연중보고 및 회의록, 개인이 작성한 법적인 문서(계약서 및 유언장), 개인 혹은 단체에 권력을 미치는 법적인 증서(증명서, 허가증, 면허증), 기타 유사한 공적인 행위나 결정에 대한 문헌적인 제 증명이 여기에 속한다. 이러한 기록들은 공적인 기관에서 대체로 정확하고, 완전하게 보존되도록 해야만 하는 것이기 때문에 정확하고 훌륭한 정보자료가 되는 것이다.

(2) 신문기사

신문기사는 특히 오늘날의 전통적인 신문에 나타나는 바와 같이, 때로는 중요한 사실을 제공해 주며, 세계 도처에서 일어나고 있는 매일매일의 다소 영구적인 기록으로서 인정되고 있다.

뉴스는 잡지나 여러 정기간행물 속에서도 찾아볼 수 있으나, 분명히 말해서 신문이나 잡지는 공식적인 자료처럼 확실하거나 완전하지는 못하다.

그래서 학자들은 공적인 기록이 존재하지 않는 경우에만 이들을 간단하게 사용하고 있는 것이다.

(3) 사건에 대한 목격자의 설명

만약 조사자가 스스로 사건을 증언할 수 없는 경우에(특히 역사적 사건을 취급하는 경우에 있어서와 같이), 어떤 목격자의 증언이 그 사건에 대한 바람직한 정보자료가 될 수 있다. 이 증언은 대담에 의한 구술이나 기록의 두 가지 형식으로 나타난다. 예를 들면, 반세기 전의 미국학교의 상황을 연구할 경우, 그 당시의 저명한 학교 출신자나 교사와의 면담을 하는 것이 도움이 될 것이다. 혹은 현재 독일의 교육현황을 알아보려고, 직접적인 설명을 해 줄 수 있는 최근의 이주자와의 면담을 통해서 알아볼 수 있다. 인간의 기억력이란 불확실하기 때문에, 그 사건당시에 기록된 목격자의 설명이 신빙성이 있을 것이다. 그리고 구두보고보다는 필사기록이 일반적으로 신뢰성이 있다고 할 수 있다.

(4) 서한 및 개인 일기

서한이나 일기 등과 같이 사적인 기록은 대개 간행을 목적으로 기록되는 것이 아니므로, 사건에 대한 공식적인 기록물보다는 한층 더 상세하고 친근한 자료가 된다.

특히, 개인의 전기적인 연구를 하는 데 있어서는 특히 사적인 기록에서 얻은 자료가 도움이 된다.

(5) 전기와 회고록

신뢰성만 있으면 전기와 회고록은 개인의 생애에 대한 이미 정해진 사실을 재검토하는 데 적합할 것이다. 새로운 사실을 정립하는 일은 드물지만 이러한 자료는 직접적인 좋은 원자료라고 할 수 있다. 반면에 개인의 생애에 대한 이야기 속에 나타난 정보는 어떤 역사적인 사조나 사상의 성장과 영향을 조사하는 데 유용할 것이다. 예를 들면, 미국헌법을 입법한 사람들의 생애와 사상을 자세히 알지 못하면 미국헌법의 발전과정을 연구하기가 어려울 것이다.

그러므로 전기와 회고록 등은 역사에 관계된 연구에 좋은 자료가 될 수 있다.

(6) 역사적 기록물과 연구서

원자료를 조사하는 것이 한결 더 좋기는 하지만, 만일 과학적 조사에 근거를 둔 역사적 기록물과 연구서가 있으면 그것은 어느 정도 신뢰하고 이용할 수 있을 것이다.

그러나 특히 동양의 고서의 경우에는 위서가 많기 때문에 이러한 위서를 식별할 수 있는 능력이 있어야 한다. 그리고 역사개론서는 대부분 원자료에서 발췌한 것이다.

(7) 선행 연구 문헌

하나의 문제에 대해서 이미 연구된 학술적인 연구가 있으면 그 선행 연구 문헌적인 증거자료로서 이용된다.

다시 말해서, 연구보고서는 기타의 역사적인 문헌과 마찬가지로 많이 이용되고 있는 것이다.

(8) 문학과 철학적인 저작

시, 소설, 희곡, 그리고 수필 등의 문학적 저작은 실제의 사건에 관한 정보를 제공하기도 하지만(예를 들면, 다큐멘터리 소설), 그 사실보다도 학자들은 문학가들의 사상을 알기 위해서 그 저작을 고찰하는 경향이 있다. 물론 문학적 내지 언어학적 연구에 있어서는 저작 그 자체가 유일한 근본적인 원자료를 이루게 될 것이다.

(9) 고고학 및 지질학적 유물

예를 들면, 폼페이의 폐허와 같은 고고학적 기록은 필사된 기록과 동일한 의미에 있어서의 문헌은 아니다.

그러나 역사적인 연구에 있어서 이러한 기록은 문헌과 동일한 목적으로 이바지하며, 이들은 연구에 있어서, 결론과 가설을 형성하는 데 이용되는 데이터이다.

(10) 잡록

예술적 저작, 작곡집, 유적, 기념물 및 기타의 여러 가지 정보자료는 어느 일정한 연구에 있어서 중요한 문헌적 자료가 될 것이다. 이와 같이 문헌적 연구를 위한 원자료의 출전은 매우 다양하다고 할 수 있다. 하나의 문제를 해결하기 위해서 문헌의 증거의 조사를 시도하는 학자에게 당면하는 최초의 주요한 과제는 문헌 그 자체의 검색 및 선택이다. 이러한 자료들은 항상 쉽게 접근할 수 있는 것이 아니며, 이를 색출하는 데 때로는 많은 기교와 힘든 작업이 요구된다. 문헌적 연구에 수반되는 하나의 중요한 문제는 기본적인 증거를 지니고 있는 자료를 직접 조사하지 않고서는 해결될 수 없는 것이다.

2) 문헌적 데이터의 색출

1870년경 하인리히 슐리만(Heinrich Schliemann)은 고대 트로이시의 폐허를 발견하고 발굴함으로써, 오늘날 고고학이라고 하는 하나의 연구 분야를 개척하였다. 호머(Homer)에 의해서 유명해진 이 트로이시의 정확한 위치를 확인하는 데 있어서 그의 관심은 호머가 쓴 작품에 기록된 모든 특징을 가진 어느 지점을 확인할 수 있을 때까지 소아세아의 해안을 탐색하게 했던 것이다.

슐리만의 발견은 다른 사실과 겸해서 호머가 자신의 이야기를 기록하는 데 있어서 순수한 상상력보다는 적어도 많은 분야에 걸쳐 실제적인 역사적 사실에 근거를 두었다는 사실을 입증한 것이었다.

20세기 문학연구에 있어서 가장 괄목할 만한 것 중의 하나는 사무엘 존슨(Samuel Jonson)의 전기 작가인 제임스 보즈웰(James Boswell)이 남긴 유고의 대량 발견이다. 여러 해 동안, 이 작품의 존재가 예측되어 왔다. 그러나 예일 대학의 팅커(Chauncey B. Tinker) 교수가 1920년대 드디어 그 재발견에 이르는 탐사작업이 시작될 때까지는 그 대부분이 미지의 상태로 남아 있었고 분실된 것으로만 생각되어 왔었다. 오랜 노력 끝에, 팅커 교수는 보즈웰의 후손들을 알게 되고, 아일랜드 맬러하이드 캐슬(Ireland Malahide Castle)에서 그 흔적을 찾아내는 데 성공하였다. 이 맬러하이드 캐슬은 보즈웰의 원고가 대량 축적되어 있는 한 가옥, 'Ebony Cabinet'이라고 종종 거론되어 오던 곳이었다. 이 원고들은 많은 난관을 겪고 비용을 들여서, 이에 대한 학술 연구를 가능하게 했던 미국의 재벌가 랄프 아이시맨(Ralph Ishman)에게 고가로 팔려 미국으로 옮겨졌다. 기타의 유고는 오래된 크로케(croquet) 상자 속에서 우연히 발견되었는데 지금까지도 스코틀랜드의 그의 옛집 다락 속에 보관되어 있다고 한다. 아무튼 이러한 유고의 발견에 관한 상세한 이야기는 마치 인기 있는 소설처럼 흥미롭다.

여기에서 우리가 기본적으로 관심을 가지게 되는 관점은 학술연구에 이용되는 문헌이란 결코 우연히 학자의 수중에 들어오는 것이 아니라는 사실이다. 학자는 능숙한 탐정가처럼 끈질기게 노력해서 문헌의 실마리를 찾아야 하며, 자기 분야에 있어서 이미 알고 있는 자료에 대한 광범한 지식을 재정리하고, 전거를 찾아내기 위해서 종종 자신의 상상력과 창의력을 불러일으켜야 한다. 문헌적 연구에 있어서의 제1단계는 필요한 모든 문헌을 색출하는 것이다.

3) 원자료의 중요성

누구나 가능한 한 원전에 가까운 자료를 수집하는 것이 중요하다. 만약에 원전을 볼 수만 있으면, 결코 한 문헌의 복사물을 사용해서는 안 된다. 이따금 이러한 작업이 근거를 제시하는 것보다는 시간과 비용이 더 드는 것은 사실이다. 그리고 주의 깊게 준비한 복사물은 당장의 연구목적은 충족시켜 줄 것이다. 캘리포니아에서 연구하는 학자에게는 하버드 대학교 도서관에 소장되어 있는 필사본에 대한 복사본이 필사본 자체만큼이나 만족스러울 것이다. 그러나 학자는 만약 그가 그 원문 자체에 편리하게 혹은 불편하게라도 접근할 수만 있다면, 그 원문의 출판본을 이용해서는 안 된다. 전사나 간행은 많은 오류를 낳기 때문, 제아무리 조심스럽게 복사된 그림 일지라도 원그림과는 절대로 꼭 같을 수는 없다.

대체로 정보의 원자료를 이루는 문헌은 그 저자가 실제로 보고, 듣고, 자신의 사상을 직접 표현해 놓은 필사의 기록인 것이다. 만일 보도자 자신이 사건을 목격하고 기술하였다면, 그 신문기사는 원자료가 될 것이다. 반면에, 한 저자가 다른 저자의 저작물에서 인용한 기사는 결코 원자료가 될 수 없다. 이러한 자료를 이용하기 전에 조사자는 인용한 자료가 간행된 것이든 아니든 원전을 찾아야 한다. 교재, 연감, 백과사전 및 이와 유사한 개설서는 원자료(한 학자가 그 저작의 특성을 살리기 위해서 직접 조사한 연구서 이외에는)라고 할 수 없다. 왜냐하면, 이러한 자료들은 흔히 직접 관찰하고 조사해서 이루어진 것이 아니라, 다른 저작에서 이러한 사실과 사상을 발췌하는 것이기 때문이다.

4) 문헌에 대한 외형적 평가

일단 연구에 필요한 문헌이 수집되면, 다음 단계는 이를 주의 깊게 평가하는 작업이다. 이러한 평가는 크게 두 가지로 분류할 수 있는데, 우선 문헌에 관한 외형적인 검토 혹은 정확성을 확인하는 것이다. 다음은 내부적인 것을 검토하는 것인데, 이것은 문헌 속에 내포되어 있는 기록의 의미, 정확성 및 신빙성을 검토하는 것이다.

외형적인 검토의 예로서 저 유명한 켄싱턴 비석을 들어 볼 수 있다. '지금까지 북미에서 발견된 유물 중에서 가장 중요한'것으로 알려져 있는 이 유물은 1898년 미네소타 주 켄싱턴 근교의 한 농장에 있는 나무뿌리 사이에서 발굴해 낸 것이다. 그 한 면에는 서부지역을 탐험하다가 인디언에게 공격을 받았던 스웨덴의 고트족(Goth) 8명과 노르웨이 탐험가 22명에 대한 재미있는 이야기가 룬문자(runic)로 새겨져 있다. 분명히 그들은 인디언들의 두 번째 공격을 무서워한 나머지, 아무런 흔적도 없이 죽을 가능성을 예상해서 이 황야에 자기들이 왔었다는 흔적의 표시로서 돌에다 이런 글을 새긴 것이다. 그 비문에 의하면, 바위산에 진을 쳤던 내용이 있고, 이 비문은 1362년 새긴 것으로 되어 있다.

비석과 비문이 외형적으로 명확성을 보여 주고 있지만, 이 비문은 그 당시의 저명한 고고학자들에 의해서 다음과 같은 이유로 위조임이 판명되었다.

(1) 비석을 발견한 농부가 초기에 북미를 탐험했던 북유럽의 탐험가들에 대해서 흥미가 있고, 룬문자에 미숙한 사람이었던 것으로 알려졌다.

(2) 북유럽의 탐험가들이 미시시피 강 계곡까지 내륙 깊숙이 전진했었다는 증거가 없다.

(3) 비문에 새겨진 말이 이상하게도 노르웨이(Norway)와 스웨덴(Sweden)어의 혼합체였다.

(4) 비문에 나타난 1898년이란 날짜가 정확하지 않기 때문에, 그 당시의 학자들은 그러한 탐험이란 11~12세기에 이루어졌어

야 된다고 가정했다. 그러나 1898년이라고 하면, 그 당시 노르웨이와 스웨덴은 전쟁 중이어서 그들이 한 집단이 되어 탐험을 했을 리가 없다.

(5) 그 비석은 비문에 새겨진 것처럼 섬 위에서 발견되지 않고 호수에서 좀 떨어진 평지에서 발견되었다.

그래서 이 비석은 가치도 인정받지 못하고 그것을 발견한 주인에게 되돌려졌다. 그는 몇 해 동안 그것을 현관의 계단으로 사용했다고 한다. 그러나 그 뒤 이 유물에 대한 의문이 하나씩 풀리기 시작했다. 북미의 동부에서도 초기에는 북유럽 인들이 거주했었다는 증거가 점차적으로 발굴되었다. 중세의 스칸디나비아(Scandinavia)의 방언과 룬문자에 대한 지식이 발전하여 비문 자체에 나타난 억측을 해결하고, 그 연도에 대한 정확한 해독을 할 수 있게 하였다. 켄싱턴(Kensington) 지역의 지형을 조사한 결과, 예전에 있었던 호수들이 그 후에 증발되었음이 밝혀진 것이다. 1948년 말에 저명한 고고학자들은 켄싱턴 비석이 위조된 것이 아니고 아메리카 대륙 발견 이전의 미국의 역사에 관한 정확한 문헌이라고 확신하고 이 문헌은 워싱턴(Washington)에 있는 미국 국립박물관에 보존하게 되었다. 이것은 앞으로 계속 더 연구해 볼 가치가 있다.

한편 겉으로 보기에는 진본인 듯하나 외형적 평가에 의해서 진본이 아닌 것으로 나타날 수 있다. 인류역사 속에는 위조된 사실이 너무 많다. 그밖에도 인류역사 속에는 정직한 오류를 범할 기회가 있는 것이다. 서양사 가운데서 가장 유명한 위조는 소위 8세기에 황제에게 전 이태리에 대한 교황권과 정권을 부여한다는 몇몇 광신자들이 조작한 면죄부(Donation of Constantine)인데, 이것은 15세기에 위대한 인문학자 로렌티우스 발라드(Laurentius Valla)에 의해서 Folse Decretols(로마교황의 거짓 교령)라는 제목으로 한데 묶어서 밝혀졌다.

19세기 중엽에 한정판으로 출판된 것으로 추정되는 저명한 영국의 저자들이 쓴 희귀한 책이 1930년대에는 그 희귀성 때문에 희귀본 서적 시장에서 터무니없이 비싼 값으로 거래되었는데, 얼마 후에 영국의 서적상이었던 존 카터(John Carter)와 그레이엄 폴라드(Graham Pollard)가 그것이 한 교활한 서적상에 의해서 인쇄된 위작이라는 증거를 발견하게 되자, 학계에 추문이 널리 알려지게 되었다. 유물, 문서, 기념물, 그리고 초판본 등은 수집가들에게는 금전상의 가치가 크기 때문에, 재정상의 이익이 될 기묘한 위작을 만들어 내고자 하는 유혹이 항상 일어나고 있다. 이 경우에 있어서 학문은 아랑곳없고 유혹에만 눈이 어두운 이 눈치 빠른 서적상은 여러 해 동안 남몰래 그릇된 문헌을 출판해서 개인적으로 막대한 이익을 본 것 같다. 그러나 공개적으로 재판을 받을 때, 그는 그의 범행을 부인했다.

저명한 작가의 것이라고 하는 작품이 고서적상에 종종 나타나는 경우가 있는데, 이러한 것은 위작임이 쉽사리 입증된다. 한 예를 들면, 캔자스 주 지역이 확정되기 약 20년 전에 링컨(Lincoln)의 문체에서 발견된 것이라고 하여 팔려고 내놓은 문서가 있었는데, 이것은 캔자스 주로 조회함으로써 위조품임이 밝혀진 일이 있다. 순진한 구매자나 어수룩한 학자를 속이려는 이러한 시도는 연구에 사용되는 모든 문헌을 외형적으로 철저하게 평가함으로써 저지될 수 있는 것이다. 물론 새로운 문헌의 평가에는 이러한 방법을 적용해야 한다. 모든 학문 분야에는 진위가 분명치 못한 수많은 문헌들이 있다. 그러나 만약 조금이라도 의문점이 있으면, 학자들은 이를 더욱 회의적인 태도로 받아들여야 한다. 아일랜드 자유주(Irish Free State)의 사법부의 필사체 분석가인 아더 J. 쿼크(Arthur J. Quirke)는 위조문헌을 판별하는 몇 가지 가장 효과적인 기술을 밝힌 바 있다. 그의 저서는 학자들이 필독해야 할 책이다. 그가 설명하는 것은 주로 필사본에 적용되지만, 그가 묘사한 여러 가지 기법은 진위가 불확실한 문헌을 분석하는 데에도 이용될 수 있다.

필사본, 특히 비공식적인 기록물을 연구해 온 학자라면 누구나 원본과 비슷하게 위조된 사본을 비교해 볼 필요성이 있는 것이다. 때에 따라서는 진위 여부를 즉시 알아볼 수도 있다. 여러 실례를 오랜 동안 연구함으로써 한 저작의 필적에 익숙한 학자는 그의 특이한 문체를 쉽사리 익힌다. 그렇다고 해서, 의심스럽게 보이지 않는 어떤 특별한 문헌의 저자를 식별하기란 항상 용이한 일만은 아닌 것이다. 저자의 서명(싸인)까지도 문제가 되고 있다. 현재까지 보존되어 있는 윌리엄 셰익스피어(William Shakespeare, Shakespeare, Shaxspere)의 싸인들이 실제로 위대한 영국 희곡작가의 싸인인가? 우리들은 단순히 모르고 있다. 셰익스피어의 싸인에는 그 싸인을 비교해서 뚜렷한 특징을 확인할 수 있는 근거를 제시하기 위한 출처가 분명한 원전들이 없다. 한 필사본의 저자 성이 분명하지 않다면, 학자들은 가능하면 근거가 있는 원본과 비교해서 그것을 식별하게 되는 것이다. 사본의 분석방법을 여기에서 다루기에는 너무나 복잡하지만, 문헌적 자료의 조사자는 이 방법의 중요성을 인식해야 한다.

문헌의 진위를 평가하는 기타의 방법에는, 그 쓰여진 실체에 대한 물리적, 화학적 분석절차에 의한 방법이 있다. 제지술은 해를 거듭해서 서서히 발전해 오고 있다. 그래서 때로는, 문헌은 그 종이가 언제, 어디서 만들어졌는지를 판단함으로써, 그 문헌의 출판연도를 추정할 수 있다. 마찬가지로, 사용된 잉크를 분석함으로써 그 연대를 추정할 수 있다. 흔히 인쇄된 활자체는 그 모양이나 파손된 문자와 같은 어떤 특징이나 결점에 의해서 식별될 수 있다. 활자체를 연구하고 동일한 활자형으로 인쇄된 다른 서적을 발견함으로써 카터(Carter)와 폴라드(Paullard)는 런던의 어느 인쇄소에서 사용하던 활자체를 세밀히 조사하여 위조한 팸플릿의 원제작자를 밝힐 수 있었던 것이다. 타자도 세밀히 조사해 보면, 확인될 수 있는 뚜렷한 개개의 활자체를 가지고 있다. 확대경, 현미경, 카메라는 원자료를 입증하거나 판별하는 과정에서 적절한 보조물로 사용될 수 있다.

최근에는 자외선과 형광판을 사용해서 문헌을 검사하는 새로운 방법이 개발되었다. 이 방법은 특히 개조와 삭제의 흔적을 검사하는 데 유용하다는 것이 입증되었다. 랜덜 스튜어트(Randall Stewart, 미국 Vanderbilt 대학교 영문학 교수)가 피어폰트 모건(Pierpont Morgan) 도서관에 소장되어 있던 나다니엘 호손(Nathaniel Hawthorne)의 개인 일기를 조사했을 때, 호손이 죽은 후, 그의 부인에 의해서 원전이 많이 변조되었음을 발견했다. 인물과 사건에 관한 저자 호손의 거침없는 논평이 퍽 누그러져서 비공격적인 논평이 되어 있던 것이다. 그리고 어떤 경우에 있어서는 이러한 비평이 잉크로 지워지는 경우도 있었다. 스튜어트(Stewart) 교수는 경찰의 수사기재를 사용해서 잉크로 지워진 부분까지도 읽을 수 있었다. 결국 스튜어트 교수가 호손의 일기를 복원, 편집함으로써 호손이 정력적이고 표현이 솔직한 인물임을 알게 되었다.

　한 문헌내의 검사는 때로는 하나의 증거로서 믿을 수 없다는 것을 입증하는 모순을 나타낼 때도 있다. 법률가에게는 법정의 증인이 필요하듯 이 학자에게는 문헌, 즉 적합한 데이터가 발췌되어야 할 정보자료가 필요한 것이다. 증인의 증언을 확인하기 전에, 법정은 증인의 인적사항을 알고, 증인의 확실성을 평가해야 한다. 학자에 의해서 제기되는 질문이 만약 만족스런 해답이 얻어지면, 그 항목을 확실한 것으로 결정하고, 만일 만족스런 해답이 얻어지지 않으면, 하나의 증거 자료로서는 폐기되는 원인이 되는 것이다. 그 필사본이 그 저자가 쓴 다른 자필본과 일치하는지, 종이와 잉크가 그 문헌의 감정기준에 맞는지, 그리고 그 문헌이 다른 사람에 의해서 어떠한 수법으로 변화되었는지를 판단하는 것 이외에도, 학자는 일자, 날인, 기술내용 자체 및 일반적인 문체와 같은 세부사항을 치밀하게 검토해야 한다. 예를 들면, 한 서신에 그 발신자가 샌프란시스코에서 대중 앞에서 강연을 한 것으로 알려진 날짜에 프랑스에서 온 것으로 날짜가 적혀있다면, 그 서신이 쓰여진 그대로라고 볼 수가 없으며, 그 서신에는 어떤 오류가 범해진 것이다. 이러한 모순은 밝혀져야만 하거나, 문헌으로서는 사용되어서는 안 된다.

세심한 학자가 문헌을 볼 때는 다음과 같은 질문을 마음속에 가지게 된다. 저자는 누구인가? 저자와 그 문헌과의 관계는 자연스럽고 신빙성이 있는가? 그 주제가 그 저자의 정통을 가지는 주제인가? 그가 제시한 시간과 장소에 있었던가? 문헌에 기록된 정보가 그의 원작인가, 아니면 그가 어디에서 표절한 것인가? 문헌에 기록된 논술이 그 저자에 대해서 이미 알려진 지식수준이나 교육, 경험, 그리고 개성과 일치되는가? 문헌의 질을 조사하는 데 있어서는 이와 유사한 많은 질문들이 조사자로 하여금 문헌의 진위를 건전하게 판단할 수 있도록 하는 것이다.

5) 문헌에 대한 내용상의 평가

외형적인 평가는 그 문헌이 어떠한 것인가에 관한 것이라면, 내용상의 평가는 그 문헌이 무엇을 말하고 있는가, 즉 문헌 속에 기술된 의미, 정확성, 신뢰성과 관계된다. 즉, 그 물체가 무엇을 의미하는 것인가를 이해하여야 한다. 그것이 어떤 목적으로 만들어졌던 것인가? 제작자가 그것을 어떻게 사용하였는가? 이러한 성격의 질문이 일단 적절히 해답되면, 학자는 그 석기의 의미를 알았다고 말할 수 있고, 그에 관련된 다른 사실에 대한 조사를 계속할 수 있다.

기록물을 취급하는 데 있어서는, 무엇보다도 단어와 기호의 의미를 정확하게 파악할 필요가 있다. 현재 유일하게 보존되어 있는 베오울프(Beowulf)의 서사시의 필사본이 쓰여진 언어(고대영어 혹은 앵글로 색슨어)는 이제 사용되지 않는 언어이다. 그래서 학자는 그 시의 원문을 연구하기 전에 그 언어부터 배워야 한다. 1611년에 이루어진 제임스왕(King James)의 성서 번역본의 낱말도 모두 오늘날 동일한 의미를 가지는 것이 아니다. 제임스왕 시대에는 prevent를 의미하였던 let dove라고 한다. 그리하여 문헌 속에 나타나 있는 진술내용이 정확하게 이해될 수 있기 전에, 거기에 쓰여진 각 단어, 어구, 상징적인 표현이 해석되어야 한다. 다시 말하면, 외국어의 독해력, 특수기호의 판독 및 오늘날 사용되지 않는 어떤 의사전달 형태의 독해력이 있어야 한다.

예를 들면, 사무엘 페프스(Samuel Pepys)의 일기는 원래 속기형식으로 기록되어 있어서 현대문학가 들에 의해서 판독되어야 한다. 그러나 사실상, 이 유명한 일기의 어느 부분에 가서는 아직 잘 해독되지 않는다. 또 한 가지 예를 들면, 이집트에서는 비석이나 파피루스 두루마리에서 이상한 기호와 그림이 발견되고, 메소포타미아의 점토에서 이상한 기호들이 발견되었을 때, 무엇인가 기록된 것으로 믿어졌다. 그러나 수년 동안 해독되지 않은 채로 남아 있었다. 1800년경 게오르크 프리드리히 그로테펜트(Georg Friedrich Grotefend, 독일의 언어학자, 1775~1853)는 세심한 추리를 통해서 고대 페르시아(Persia)의 설형문자의 판독에 필요한 실마리를 찾아냈다. 그리고 장 프랑수아 샹폴리옹(Jean Francias Champollion, 프랑스 이집트학자, 1790~1832)이 약 20년 후에 로제타 비석(Rossetta Stone)에 관한 저서에서 이집트의 상형문자의 판독을 가능하게 했다. 다른 분야도 마찬가지이겠지만, 특히 문헌적인 연구에 있어서는 판독이 중요한 위치를 차지한다. 대부분 문학적, 철학적, 종교적 저작은 판독되어야만 할 비유적인 혹은 숨겨진 의미가 있다. 조나단 스위프트(Jonathan Swift)의 『겸손한 제안(A Modest Proposal)』(이 작품에서 Ireland의 어린이를 음식물로 제공하므로 Ireland의 인구 과잉을 구체화해야 한다고 제시하고 있다)이나, 다니엘 디포(Daniel Defoe)의 『비국교도 박멸책(The Shortest Way with the Dissenters)』(여기에서 종교적인 편협성이 진지하게 그리고 아주 바람직하게 충격적인 방법으로 묘사되고 있다)와 같은 신랄한 풍자는 몇몇 학자들에 의해서 진지하고 직설적인 권고라고 오도되었다. 어떠한 작품 속에 있는 개개의 낱말과 문구들이 저자가 의미하는 의미에 일치하려고 무단히 연구되어 왔다. 때로는 그 저자가 쓴 작품을 이해하기 위해서 그 저자의 생시와 그가 살았던 나라에 대한 철저한 연구가 필요한 때도 있다. 한 세기의 사람들이 쉽게 이해하였던 사상과 문구는 다음 세대의 사람들에게는 이해되지 않는 경우도 있다. 그 한 예로, 초서(Chaucer)의 시대에는 twenty, fifty 및 이와 유사한 숫자가 분명히 대단위 숫자를 표시하는 데 사용되었다. 그래서 Chaucer가 twenty books를 가지고 있다고 말하면, 그가 스무 권의 책을 가지고 있다고 해석될 수 있으나, 그는 상당한 도서를 가지고 있다는 것을 의미하였다. 오늘날 우리가 크고 막연한 숫자를 표현하고자 할 때, 우리는 아직도 'a thousand and one'이라는 용어를 사용하고 있다. 하나의 문헌의 의미를 해석하는 것은 단순한 경우도 있고 혹은 실제로 어떤 경우에는 역사학, 언어학, 정치학, 경제학, 사회학, 심리학 및 기타의 학문에 관한 철저한 지식을 요구하는 복잡한 것도 있다. 그러나 학자가 자기의 문제를 해석하는 데 있어서, 문헌에 관한 데이터에 의존할 때는 그 문헌에 수록되어 있는 진술에 대한 진실한 의미를 이해하는 것이 가장 기본적이다.

6) 문헌의 정확성과 신빙성

문헌 속에 수록된 진술의 의미가 명백히 결정되면, 문헌을 내적으로 평가하는 제2단계는 이 기술의 정확성과 신빙성에 대한 평가이다. 연구자는 저자의 능력과 성실성에 대한 여러 가지의 의문점을 제기해야 한다. 즉, 저자가 얼마나 훌륭한 관찰자였는가? 그가 묘사한 문제를 관찰할 충분한 기회가 있었는가? 그가 성실성에 대한 신망이 있었는가? 특별한 견해를 표현하는 데 개인적으로 흥미를 가지고 있었는가? 그가 남을 현혹시키려고 하였는가? 자기가 직접 관찰하였는가? 아니면 타인에게서 정보를 얻은 것이었는가?

두 사람이 똑같은 사건을 보더라도 그것을 전적으로 다른 방법으로 해석하게 될 것이다. 노상의 서로 반대되는 방향에서 자동차 사고를 목격한 사람들은 그 사건의 세부적인 사항에 대해서는 서로 동일할 수 없을 것이다. 왜냐하면 그들은 각기 다른 방향에서 관찰했기 때문에, 혹은 사건의 현장을 목격할 기회가 많았기 때문이다. 노동쟁의 중에 있는 사건을 조사할 경우에는, 그 노동자 대표와 경영자 대표들이 그 사건에 대한 해석은 물론이고, 그 사건에 관한 실제적 진술까지도 의견이 일치하지 않을 것이다. Franklin Roosevelt와 같은 논쟁의 여지가 있는 정치인

인물에 관한 책의 저자들은 각기 전혀 다른 인상을 소개할 것이다. 그리하여 학자는 확실성이 있는 문헌에 있어서의 진술도 맹목적으로 받아들일 수는 없다. 학자는 문헌의 정확성과 신빙성을 결정하기 위한 모든 합리적인 수단을 이용해야 한다.

공식적인 뉴스의 발표, 개인이나 집단에 대한 미리 마련된 공고, 특정인이나 특수집단에 아첨하는 회고록이나 흥미는 있지만 증거가 없는 전설, 그들 자신의 활동이나 사상에 대한 관심사를 얻을 목적으로 관계된 정당에서 보수를 받은 역사서 등, 이와 같은 자료는 모두 비상한 의문을 가지고서 주시해야 한다. 사실 어느 문헌이라도 엄격히 심사한다면 아주 정확하다는 것을 입증할 만한 것은 거의 없다. 인간의 오류는 거의 모든 분야에 존재하고 있다. 그러나 어떤 문헌은 다른 문헌보다 훨씬 더 정확하고 신뢰성 있는 것이 발견될 수 있다.

그러면 다루고 있는 문헌이 얼마만한 내용을 지니고 있는가? 이 문제는 문헌의 내용상의 평가에서는 항상 고려되어야 한다. 모든 문헌은 필연적으로 불완전하다. 즉, 어느 사건에 관한 전체적인 이야기는 여러 가지의 세부적인 사항에 있어서는 결코 완벽하게 기록되지는 못한다.

그러나 학자는 다만 중요한 정보, 특히 자신의 문제를 해결하는 데 도움이 될 자료에 관심이 있는 것이다. 이처럼 학자는 중요한 사실들을 정확하고, 믿음직하게 나타내는 문헌에 관심을 둔다. 반면에, 학자는 문제되고 있는 문헌이 얼마나 철저하게 당면한 문제를 다루고 있는가에 대한 어떤 아이디어를 가져야 한다. 만약에 그 문헌의 정보가 실속이 없고 애매하면 이는 연구자를 방황하게 만드는 것이다.

어떤 도서는 다른 문헌에는 전혀 수록되지 않는 그리고 다만 연구자의 상상력만을 연상시키는 외연적인 이론이 제기되는 경우도 있다.

이러한 공상에 빠진 이론은 확실히 흥미는 있겠지만 진정한 학문이라고 할 수 없는 것이다.

7) 문헌 이용에 있어서의 유의사항

지금까지 주로 문헌 자체에 있어서의 위험성에 관해서 다루어 왔다. 즉, 문헌의 신빙성, 증거로서의 적절성, 정확성 등을 다루어 왔다. 여기에서 문제해결을 위한 문헌의 이용에 있어서 주의해야 할 몇 가지 중요한 위험성을 상기하는 것이 좋을 것이다.

(1) 데이터의 불충분이다.
(2) 적절하지 못한 데이터의 선택이 바로 그것이다.

불충분한 데이터에서 끌어낸 결론에 대한 예로서, 우리는 오랫동안 셰익스피어가 실제로 희곡을 쓴 것이 아니라, 다른 사람이 셰익스피어가 쓴 것처럼 했다는 것을 입증하기 위한 여러 가지 시도가 이루어진 것을 알 수 있다. 그가 에이번(Bard of Avon)에 살던 시기는 개인의 생활에 관한한 상당한 비밀 속에 쌓여져 있다. 우리는 셰익스피어와 그의 동인들에 관해서는 충분한 정보를 가지고 있지 못하다. 물론 윌리엄 셰익스피어(William Shakespeare)라는 런던의 한 배우는 본래 스트랫퍼드(Stratford) 출신인데 충분한 교육을 받지 못했다는 것은 주지의 사실이다. 정규적인 교육을 받지도 못한 자가 영국의 대문호가 될 수 있었다는 것은 불합리하게 보였기 때문에, 몇몇 학자들은 프랜시스 베이컨(Francis Bacon)이나, 크리스토퍼 말로우(Christopher Marlowe)나 혹은 기타의 대학교육을 받은 사람이 셰익스피어의 극을 썼을 것이라고 믿고 있다.

그러나 이를 입증할 만한 증거가 없다. 최근의 가장 유명한 셰익스피어 작품의 한 편집자가 지적했듯이, 어느 경우를 막론하고 이에 대한 거론 자는 하나의 전제나 가설을 설정해서 그 가설과 일치될 수 있는 자료를 조사하였다.

이와 마찬가지로, 수년 전에 어느 셰익스피어 연구가는 셰익스피어의 극을 5막으로 나눌 필요성이 없다고 주장하였다. 그는 현재 5막 구분을 유지하는 데 대해서 극작가로서의 셰익스피어 자신이 분명히 5막으로 나누려고 시도하지 않았으며, 그것은 3~4막으로 구분하거나 혹은 1막으로 축소하는 것이 이론적이라고 주장하였다. 그러나 셰익스피어의 헨리 5세(Henry V)에는 각 막마다 서사가 있어서 그 희곡을 5막으로 나누려는 작가의 의도가 명확하게 제시되어 있다. 이처럼 가설을 논박하는데 필요한 결정적인 증거도 있는 것이다.

다음에 그릇된 증거선택의 예로서, 1842년에 로버트 브라우닝(Robert Browning)이 저술한 토마스 체터턴(Thomas Chatterton)에 관한 연구를 들 수 있다.

18세기 중엽, 영국의 저명한 젊은 시인 체터턴은 자신이 고어로 쓴 민요집을 영국의 대중에게 속여서 팔면서, 중세에 기록된 어느 사본에서 발견한 것이라고 주장하였다. 세심한 학자들의 조사결과로 그 속임수가 폭로되자, 체터턴은 18세의 나이로 자살하였던 것이다. 이 소년의 비극적인 숙명이 동정을 낳게 되자, Browning은 부당한 박해로 말미암아 자살하게 된 한 천재의 심상을 기술하는 데 있어서 어떤 사실은 과장하고, 어떤 것은 무시하고서 추상적으로 학술적인 기사를 썼다. 이러한 기사는 전반적으로 유용한 증거로서는 적합지 않다.

Browning은 이처럼 학자들이 흔히 범하기 쉬운 유혹, 즉 증거에 대해서는 한 눈을 감고 특수한 사례를 변호하려는 유혹을 과시하였다. 그러나 어느 면에서는 칭찬할 만도 하지만, 이것은 감정적인 사고로서 지성적인 학문이라고 할 수 없는 것이다.

8) 문헌적 연구방법의 적용범위

이미 논급했듯이, 과거의 모든 정보가 문헌과 기록에서 나오기 때문에 문헌적 연구는 역사적 연구라고 할 수 있다.

그러나 문헌적 연구방법은 다른 학문 분야에 있어서도 이에 못지않게 중요한 연구방법인 것이다. 예를 들면, 모든 학문은 학술적으로 상세하게 연구될 필요성이 있는 역사를 지니고 있다. 이러한 계통의 연구는 다음과 같다.

(1) 전기
(2) 기구와 기관의 역사
(3) 모든 주제 분야의 학문의 변천
(4) 사상사
(5) 서지 등과 같은 연구 분야가 이에 속한다.

전기연구는 그 용어가 시사하듯이, 어느 한 연구 분야에 있어서의 주요인물의 생애, 성격, 업적 등에 관한 주요한 사실을 충실하게 판단하고 표현하는 것이다. 문학 연구자는 문학가의 생애를 조사 연구할 것이고, 교육 연구자는 교육가를 연구하고, 과학자는 과학자의 생애에 흥미를 가지고 연구할 것이다. 이러한 모든 분야는 문헌적 연구방법을 이용해야 한다. 한 사람의 전기를 연구하는데 필요한 사실은 실험이나 현황조사나 사례 연구의 방법으로는 수집될 수 없다. 한 기관(대학)이나, 혹은 단체의 역사를 연구할 때에도 개인의 생애에 관한 연구와 동일한 방법이 일반적으로 이용되고 있다.

이러한 연구는 흔히 개인의 기록물이나, 구두진술이나, 자신의 헌신 속에서 분명한 그러한 영향의 증거를 찾아냄으로써 이루어지는 것이다. 예를 들면 문학의 경우, 한 작가는 작품 줄거리나 작중인물 등을 어떤 선배작가에게서 모방하게 될 것이다. 과학의 경우에는, 한 연구자는 의도적이거나 비의도적이거나 다른 과학자에게서 받은 시사에 의해서 하나의 새로운 개념을 도출해 낼 것이다. 다윈이 맬서스의 『인구론』을 읽고서, 여기에서 시사를 얻어서 『적자생존설』을 도출하였다는 것은 주지의 사실이다.

일기 쉬운 현대의 번역판이나 주역판을 출판하기 위해서 선택한 작품을 편집하거나, 한 분야에 있어서 흥미 있고 희귀한 문헌을 세상에 보급하는 것도 일종의 문헌적 연구라고 볼 수 있다. 이것은 때로는 단순히 재판을 의미하는 경우도 있으나, 대개 발행이란 단순히 재판 이외의 경우가 더 많은 것이다.

우선, 발행이란 정확한 내용을 펴내는 것을 말한다. 고서 가운데, 특히 판권이 제한되지 않은 것, 그리고 필사본 가운데는 내용이 다른 것이 많은 것을 볼 수 있다. 이처럼 서로 다른 작품을 놓고 편집자는 어느 것이 최상의 것이고, 어느 것이 가장 정확한 필사본이며, 어느 것을 재판해야 할 것인지, 혹은 현존하는 모든 사본이 이미 망실된 과거의 몇 개의 사본을 토대로 해서 다시 만들어진 것인지, 그리고 저자의 본래의 의도를 한데 모으기 위해서 이를 종합적으로 편집해둘 필요성이 있는지를 결정해야 한다. 때로는 저작들이 원저자에 의해서 증보되거나 수정이 되는 수도 있다. 그래서 이러한 변화는 성실한 편집자에 의해서 설명되어야 한다.

내용에 나타나는 분명한 오류는 수정되어야 한다. 저자가 사용한 단어는 물론이고 그 의미까지 확인되어야 하고, 저자가 쓴 인유도 설명되어야 한다. 우리는 전형적인 편집상의 문제의 예로서, 셰익스피어희곡의 저작을 재판하는 과제를 들어 볼 수 있다. 지금까지 많은 편집자들이 이 문제를 다루어 왔고 앞으로도 계속 다루어질 것이다.

셰익스피어희곡 가운데 현존 사본이 우리에게 전해진 상태 때문에, 지금에 와서 원본과 똑같은 현대판을 발행한다고 하는 것은 거의 불가능하다. 다른 분야에서도 이와 마찬가지이다.

편집이란 번역을 의미할 수도 있다. 몇 년 전, 이탈리아(Italy)의 어느 성에서 복잡한 암호로 기록된 필사본이 발견되었다. 그 사본의 여백에는 미지의 사람이 이 필사본은 로저 베이컨(Roger Bacon)이 형무소에서 쓴 논문이고, 자기는 오랜 동안 비밀리에 연금술을 연구한 불가사의한 영국의 수도사라는 내용이 쓰여 있었다. 꾸준한 노력 끝에 마침내 이 기록은 번역되었는데, 번역의 완벽성에 대해서는 몇 가지 문제점이 남아 있다. 여하튼 이것이 바로 편집과 번역에는 긴밀한 관계가 있음을 시사해 주는 문헌적 연구의 한 예라고 볼 수 있다.

사상사의 연구는 대체로 각각 다른 사상의 발전단계를 통해서 그 사상의 기원이나 초기의 발로에서 주요한 철학적 혹은 과학적인 명제를 추구하는 것이며, 혹은 일정 기간의 대중의 사고와 태도에 있어서의 변화를 추구하는 것이다.

예를 들면, 생물진화의 이론과 같은 사상은 그 기원이 희랍철학에서 현재의 상태로 변천되고 현대과학에 영향을 준 것이다. 그밖의 주요한 사상도 이와 동일한 역사적 방법으로 연구되고 있다.

끝으로, 어느 분야에 있어서의 한 서지의 편찬도 문헌적 연구방법이 필요하다.

서지는 일정한 주제에 관계되는 모든 저작을 열거함으로써 기본적으로 학문에 이바지한다. 그리하여 동일한 분야에 있어서 연구를 주도하는 다른 학자들이 그들의 자료를 탐색하는 데 이를 사용함으로써 시간을 단축하게 한다.

기타의 여러 가지 학문 분야에 있어서의 연구프로젝트에 대한 여러 가지 문헌적 연구방법을 더 이상 설명할 필요는 없을 것이다. 다만 예술, 지질학, 역사학, 언어학, 문학, 음악, 철학 및 정치학 등과 같은 분야에 있어서는 이 문헌적 연구방법이 다른 분야보다 더 많이 사용된다고 할 수 있다. 생물학, 화학, 경제학, 교육학, 지리학, 수학, 물리학, 심리학, 사회학에서는 문헌적 연구방법이 빈번히 이용되고 있지는 않으나, 다른 연구방법과 겸용해서 많이 이용되고 있다.

9) 제목 구상과 연구계획

이와 같이 자료전반에 걸친 자료 분석, 즉 제1차적인 독서가 끝나면 자기 스스로 논제를 구상할 수 있을 것이다. 논제는 그 논문의 고유한 명칭이라고 볼 수 있는데 이것은 전항의 "주제의 선정"에서 말한 바와 같이 일정한 소주제 안에서 연구할 문제를 찾아서 그에 알맞은 그리고 간단하면서도 구체적인 명칭을 붙여 주는 것이다. 그리하여 그 논문에서 취급할 연구의 주제와 문제, 그리고 그 연구의 범위와 목적 등이 어느 정도 결정되어야만 논문 제목이 결정될 수 있다.그리고 연구과정에서 최초에 예상했던 바와는 다른 문제나 또는 어떤 결과가 나타나는 경우에는 논제가 변경될 수도 있다. 이와 같이 미리 논제를 결정하는 것은 무엇을 어떻게 연구하겠다는 가정이며 문제의 제기라고 할 수 있는 것이다.

그러므로 논문에 대한 관심과 탐구욕을 가지고 전공 분야의 공부를 꾸준히 지속하는 학생은 자료 수집을 시작하기 이전에도 논제를 결정할 수 있는 것이다. 최초로 연구논문을 쓰고자 하는 사람은 자료조사가 끝나고 그 자료들을 개략적으로 독서한 다음에야 어느 정도 구체적인 논제를 결정할 수 있다. 만약에 이와 같은 과정을 거쳐서도 자기 스스로 논제를 구상할 수 없으면 지도교수와 상담하는 것이 지름길이 될 것이다.

논제가 결정되면 동시에 연구계획, 즉 논문의 잠정적인 개요까지도 작성할 수 있을 것이다. 제1차적인 독서의 과정을 통해서 논제를 구상할 수 있으며, 그것은 이미 연구하고자 하는 내용과 방향의 윤곽을 세운 것이기 때문에 그 개요도 구성될 수 있는 것이다. 물론 논문의 개요도 연구하고자 하는 계획서라고 할 수 있으며, 이러한 계획대로 연구가 진행되면 이것이 곧 논문의 목차를 이루게 될 것이다. 그러나 이것은 어디까지나 계획으로서 잠정적인 것이기 때문에 앞으로의 구체적인 연구과정에서 만약 당초에 예상한 바와는 다른 문제나 다른 결과가 생길 경우는 변경될 수 있는 것이다.

현재까지 설명한 모든 과정을 거쳐서 논제가 결정되고 논문의 개요가 결정되면 논문의 기초 작업은 거의 다한 셈이며 논문을 쓰는 데 어느 정도 자신을 가질 수 있을 것이다.

10) 연구노트(EndNote) 카드의 작성

논문 작성 시 인용하거나 참고한 자료의 서목을 직접 손으로 작성할 수 있지만, 소프트웨어 패키지인 EndNote(Thomson Reuters사 제품)를 사용하여 인용문과 참고문헌 서목을 작성할 수도 있다. 이 소프트웨어의 기능을 요약하면 다음과 같다.

① 참고문헌과 이미지 데이터베이스 구축이 가능하다. 논문 작성 시 인용문과 참고문헌 서목을 생성하고 관리, 검색할 수 있으며 차트나 표, 그림과 같은 이미지와 수식정보를 처리할 수 있다.

② 논문을 작성하면서 인용할 때마다 참고문헌 서목과 그림 목록, 표 목록을 자동으로 생성할 수 있다. 이 소프트웨어에서는 메뉴가 포함된 창(window)을 제공하여, 단행본과 신문기사, 영화, 입법자료 등 연구자가 원하는 참고문헌의 서목 형식을 선택할 수 있다. 아울러 일반적으로 사용되는 저자-표제-발행년 양식에서부터 ISBN 번호나 초록, 보고자명 등 참고자료에 따른 특수한 양식까지도 선택할 수 있다.

③ 인용문과 참고문헌 서목의 다양한 형식을 이용자가 원하는 형식으로 자동변환할 수 있다. 일반적으로 인용문과 참고문헌의 서목형식은 학술분야나 기관마다 각기 달리 규정되어 있어 연구자들에게 혼란과 어려움을 주고 있다. 예를 들어 Gray의 Anatomy라는 저작물에 대해서 다음과 같이 각기 다른 양식을 예를 들어 볼 수 있다. (http://en.wikipedia.org/wiki/EndNote, 김태수, 2011: 84~86)

· Anthropos(인류학)

Gray, Henry

1910 Anatomy, descriptive and applied. Philadelphia:

Lea & Febiger. [18th ed.]

·APA 5th(미국심리학회)

Gray, H. (1910). Anatomy, descriptive and applied (18th ed.)
Philadelphia: Lea & Febiger,

·MLA(미국의학도서관협회)

Gray, Henry. Anatomy, Descriptive and Applied. 18th ed.
Philadelphia: Lea & Febiger; 1910.

·New England J Medicine(학술지)

1. Gray H. Anatomy, descriptive and applied. 18th ed.
Philadelphia: Lea & Febiger; 1910.

동일한 저작물에 대해 이처럼 분야마다 다양하게 규정한 외부 데이터베이스를 검색하여 그 결과를 자신의 Endnote로 불러와 저장한 다음, 연구자가 원하는 어떤 형태의 형식으로도 자동변환이 가능하기 때문에 인용정보와 초록을 수작업으로 입력하는 수고를 덜 수 있는 유용한 도구이다.

\<연구 note card를 기록하는 요령\>

첫째, 그 인용문의 내용에 알맞은 표목이나 기호를 card의 상단에 기재한다. 둘째, 원문을 직접 인용할 필요가 있다고 생각되는 것은 원문 그대로 전재하되 표목의 다음 줄부터 기재하며, 그 첫머리와 말미에 인용부호(" ")를 준다. 단, 중간에 어떤 생략이 있으면 반드시 생략부호(…)로써 표시하여야 하며, 어떤 수입이 있으면 수입표시([ ])로써 표시해야 한다.

셋째, 원문이 상당히 길거나 산만한 것은 원문의 내용을 상실하지 않도록 자기의 문장으로 축약하며 그 첫머리와 말미에 반 인용부호(' ')를 준다.

넷째, 필요에 따라서는 인용문 다음에 한 줄을 띠고 그 인용문에 관계된 논제나 저작자에 대한 논평을 가할 수도 있다.

다섯째, 연구 note card에는 각 부에 서지적 출전을 밝혀야 한다. 그 기재사항과 형식은 다음과 같다.

\<단행본의 경우\>

① 저자명, ② 서명, (부서명이 있을 경우)부서명, ③ 출판사항 (출판지명, 출판사명, 출판년도), ④ 권·호와 페이지 수이다.

<정기간행물이나 논문집의 경우>

① 필자명, ② 논제, ③ 수록지명, ④ 출판기관, ⑤ 출판연월일, ⑥ 권·호 및 페이지 수

기타에도 자료에 따라 기재형식이 다소 다르다.

연구주제의 전 분야에 걸쳐서 이러한 연구 note card가 전부 작성되면 그 양의 다소를 막론하고 논문을 작성하는데 이를 적용할 순서에 따라서 배열하고 재검토해야 한다. 이 경우 미비한 점이 있으면 부가적인 독서에 의해서 연구 note card를 보충하여 더 작성하고, 만약 불필요한 것이 있으면 그러한 카드는 제외하는 것이 현명하다. 이로써 연구 작업 또는 논문작성을 위한 기초 작업은 일단 끝난 셈이다.

이 연구카드는 논문 작성 후에도 버릴 것이 아니라 잘 배열하여 보관해 둠으로써 차후의 다른 연구에 또다시 이용할 수 있으며, 이러한 연구카드가 점차 증가함으로써 이것이 연구자의 귀중한 재산이 되는 것이다.

2. 실태조사의 방법

1) 실태조사의 의의, 종류, 절차 및 효용

(1) 의의

실태조사(Field Studies, Survey Research)란 일정한 연구대상을 자연 상태 그대로 둔 채, 그 실제적인 양상이나 성격, 분포, 관계 등을 밝혀내려는 연구이다.

이러한 실태조사는 그 연구대상을 형성하고 있는 변수에 대하여 인위적인 조작을 하지 않고, 있는 그대로의 변수에 대한 자료를 수집·분석코자 한다는 점에서, 연구대상인 상황을 외계와 분리, 엄밀히 규정하고 그 속의 변수를 인위적으로 조작하면서 그 결과적 자료를 수집·분석하는 실험적 연구(Experimental studies)와는 구별된다.

사회과학 연구에 있어서는, 그 연구대상이 성격상 실험실적 상황으로 분리하기가 어렵고, 인위적 조작이 불가능한 변수가 대부분이어서, 자연과학에서와 같은 엄격한 실험적 연구를 적용하기가 지극히 어렵기 때문에, 이 실태조사의 방법이 많이 쓰여 지고 있다.

특히 최근에 이르러 심리학, 사회학, 인류학, 정치학 및 통계학자들의 공헌으로, 비교적 과학적인 표본 추출법이나, 측정도구가 개발되고, 이에 따라 질문지, 면접, 관찰 및 투사방법 등 자료의 수집과 분석방법도 크게 개선되어, 오늘날 사회과학 연구에 있어서는 가장 흔히 쓰이는 방법의 하나가 되고 있다.

(2) 실태조사의 유형

실태조사는 그 연구대상을 선정하는 방법에 따라서, 전수 실태조사(Census)와 표본 실태조사(Sample survey)로 구분해 볼 수 있다. 전수조사란 국세조사와 같이 연구대상 전부를 조사하는 것이고, 표본조사란 모집단을 대표할 수 있는 일정수의 표본을 추출하여 그것을 집중적으로 조사해서, 그 결과를 모집단을 대표하는 것으로 일반화하는 것인데, 보통 실태조사라고 하면 후자인 표본조사가 압도적으로 많이 쓰이고 있다.

실태조사는 또 그 연구대상에 대한 분석의 목적 또는 방향에 따라서도 두 가지 유형으로 나누어질 수 있는데, 첫째는 연구대상에 포함된 변수간의 인과관계를 분석하려는 인과분석 실태조사(caused-analysis survey)이고, 다른 하나는 연구대상의 여러 특성을 있는 그대로의 모습대로 파악하고자 하는 기술적 실태조사(descriptive survey)이다.

인구, 연령, 성, 인종, 종교, 교육, 소득, 교통, 통신, 주거 등에 걸친 인구학적 자료나 사회·경제적 자료를 비롯해서 태도, 가치관, 신념, 이해, 여론 등의 인간행태는 물론 자연적인 사물에 대한 실태에 이르기까지 다양한 내용에 대해서 보다 정확한 계량적 기술을 목표로 할 수 있는 기술적 실태조사는, 우리 주변에서 가장 흔히 볼 수 있는 방법의 하나이다.

그러나 실태조사의 유형으로서 가장 전형적인 분류방법, 자료 수집 방법의 차이에 따른 분류, 즉 면접(interview), 질문지(questionnaire), 관찰(Observation) 등을 대종으로 하고, 그 외에 패널(panel), 전화, 심층면접의 신중(愼重)인 투사법(projection technique), 기존자료를 대상으로 한 내용분석(content analysis)들의 방법들로 나누어 보는 것이다.

물론 이 중에서 가장 흔히 쓰이는 방법은 관찰, 면접, 질문지법이고, 본서에서도 주로 이 세 가지 실태조사방법에 대해서 보다 상세한 활용지침을 설명하고자 한다.

(3) 실태조사의 일반적 절차

어떤 연구문제에 포함된 개념 또는 변수에 관한 자료가, 실태조사방법에 의하여 수집되어야 할 성격의 것이라고 판단되면 실태조사의 설계와 착수에 임하게 된다.

여기에서는 실태조사의 일반적 절차만을 간략히 설명하고

자 한다.

① 연구자가 수집하려는 자료가 이미 발표된 문헌, 논문 또는 정부나 연구소가 발행한 간행물 등에서 얻을 수 있는가를 검토해 봐야 한다. 비교적 쉽고 정확한 기존자료가 있으면, 막대한 시간과 경비를 들여 실태조사를 할 필요는 없을 것이다. 따라서 기존자료가 없음이 확인되었거나, 또는 있어도 자기의 연구목적에 꼭 적합한 성격이 아닐 때에만 실태조사에 착수하게 된다.

② 실태조사의 첫 단계는 자료 수집의 대상이 될 모집단(Universe 또는 Population)을 타당하고도 명백하게 규정하여야 한다. 예컨대 대학생의 가치관을 조사하고자 할 때에, 대학생이란 모집단 속에 4년제 대학만 포함시킬 것인지, 전문학교나 초급대학도 포함시킬 것인지, 대학원학생은 어떻게 처리할 것인지를 미리 규정하지 않으면, 그 다음 표본추출 과정에서 혼란이 일어나고, 또 조사결과의 일반화에도 큰 영향을 주게 된다.

③ 모집단이 규정된 다음에는 그 모집단에 대한 표본추출(Sampling) 여부와 그 방법을 결정해야 한다. 이때 연구자는, 모집단을 보다 잘 대표할 수 있으면서도, 주어진 경비

와 시간의 제약 속에서 효과적으로 필요한 자료를 얻을 수 있는 표본추출 방법을 선택해야 됨을 뜻한다.

④ 모집단에 대한 표본추출방법이 결정되면 조사도구의 마련, 즉 조사대상에 대해서 어떻게 정보를 얻을 것이냐를 결정하여야 한다. 먼저 질문지를 통해서 정보를 얻을 것인가, 아니면 면접이나 관찰을 통해서 조사할 것인가를 결정해야 하고, 그런 다음 어떤 측면을 어떠한 요령에 의해서 정보를 얻을 것인가를 고려하면서 질문지 또는 면접 '스케줄'을 작성해야 한다.

⑤ 질문지나 면접 '스케줄'이 작성되었을 때는, 본조사에 앞서서 예비적인 조사를 통해서, 그러한 조사도구의 타당도와 신뢰도를 검정해 봐야 한다. 만일 타당도와 신뢰도 등이 낮을 때에는 조사도구를 다시 검토하여 필요한 수정을 가해서, 또 다시 검정을 해 본 다음 적용을 한다.

⑥ 예비검정으로 조사도구의 합리성이 인정되면 본조사를 실시한다. 본조사에 들어갈 때는 조사원에 대한 충분한 훈련과 지침의 시달이 있어야 하고, 조사 도중에도 조사원의 작업태도나 조사표의 적부성에 대하여 계속 검토가 따라야 한다.

⑦ 수집된 자료는 분석에 앞서 예비적 처리를 해야 하는데, 즉

질문의 응답을 분석목적에 알맞도록 특정 '카테고리로' 분류, 부호화(coding)하고, 표준화하며, 누락자료(missing data)를 추정·보완하는 것 등이 그 예이다. 이와 같이 분석을 위한 예비적 자료처리가 분석을 위해서 대단히 중요한 위치를 차지하게 된다.

⑧ 본격적인 자료의 분석이 뒤따른다. 연구의 목적과 자료의 성격에 따라, 여러 가지의 통계적 기법 중에서 가장 합당한 분석기법을 선정하고, 그러한 분석이 가능하도록 자료에 대한 통계처리를 적용한다.

⑨ 이렇게 분석된 결과를, 연구의 문제 또는 가설에 입각해서 해석하고, 이에 따라 합리적인 결론을 유도한다.

(4) 실태조사의 장단점

실태조사의 방법에도 그 세부적 기법에는 다시 여러 가지 유의점이 있지만, 일반적으로 실태조사를 활용할 때는 다음과 같은 장단점이 있다는 것을 미리 유의해 둘 필요가 있다.

<실태조사 방법의 일반적인 장점>

① 풍부한 자료를 방대한 대상으로부터 얻을 수 있다. 실태조사방법이 실험 또는 문헌적 연구에 비해 일반적으로 비

용과 시간이 많이 드는 것이 사실이지만, 얻어지는 자료의 양에 비해 보면 오히려 경제적이고 생생한 자료를 얻을 수 있다.

② 실태조사에 의하여 수립된 자료는 정확성이 높다. 물론 이 정확도는 표본오차의 범위 내에서 이긴 하지만, 적절히 표출된 자료의 정확성은 그 분야의 전문가도 놀랄 만큼 정확한 경우가 많다. 수십만 또는 신념이 어떤가를 알기 위해서는 600~700명 정도의 표본을 추출해서 실태조사를 해 봄으로서 충분할 때가 많다.

③ 자료의 범위(scope)가 넓다. 거대한 모집단으로부터 수집된 자료는 그 범위가 대단히 넓고, 생생하며 또 면접과 같은 경우는 신축성도 있어서, 연구과정에서 여러 가지 새로운 문제와 가설을 얻을 수 있고, 잘못된 문제를 수정 보완해 갈 수 있는 장점이 있다.

<실태조사의 단점>

① 실태조사에 의하여 수집된 자료는 자칫하면 피상적인 정보로 그치는 경우가 많은데, 특히 우리나라와 같이 자기의 심층적인 가치관, 신념, 태도나, 실제의 소득과 같은 것을 남에게 이야기하는 것을 그리 좋아하지 않게 생각하

는 경우가 많은 나라에서는 이점을 특별히 유의하지 않으면 안 된다.

② 실태조사의 실질적인 단점은, 그 준비와 진행에 막대한 시간과 돈이 든다는 점이다. 따라서 시간과 돈이 아주 제약을 받는 연구에서는 이 방법을 쓰기가 어렵다.

③ 고도의 조사기술을 요구한다. 실태조사방법을 활용하려면, 표본추출, 질문지의 작성, 면접, 자료의 처리에 이르기까지 필요한 고도의 기술을 익히지 않으면 안 되고, 이를 위해서는 이론보다도 많은 훈련과 실제 경험을 쌓지 않으면 안 된다.

④ 표본에서 자료를 얻는 모든 연구가 다 그렇지만, 표본에 의한 실태조사도 오차가 뒤따른다는 점을 명심할 필요가 있다. 그러한 오차에 대한 통계적 의미를 분명히 이해하는 것도 중요하지만, 표본에 의하여 수집된 자료를 다른 센서스자료나 문헌자료와 대비하여 그 정확성을 체크하는 습성도, 가능한 오차를 줄이는 데 도움이 된다.

2) 표본추출(sampling)

(1) 표본의 의의

실태조사의 방법에는 국세조사와 같이 조사대상 전체를 조사하는 전수조사(census)와 그 일부만을 추출하여 전체를 추측하는 부분조사의 두 가지가 있다. 이때 조사대상의 완전한 집합체를 모집단(universe 또는 population)이라 하고, 부분조사에 의하여 모집단의 내용을 파악하려는 경우, 그 모집단의 일부분을 표본(Sample)이라고 한다.

전수조사는, 조사대상 자체의 요구수가 원래 얼마 되지 않거나, 또는 국가와 같이 방대한 전국 규모의 행정기관이 전폭적으로 활용될 수 있는 경우를 제외하고는 보통의 연구자가 개인이나 단위기관만에 의해 시행할 수 있는 것이 아니므로, 오늘날의 대부분의 사회조사는 표본조사에 의해서 모집단의 여러 특성치(Population parameter)를 추계하게 된다.

따라서 모수치가 표본에 의하여 추정되기 때문에, 표본의 선택과 추정의 과정은 서로 밀접하게 관련되어 있다.

가령 모집단을 잘 대표하는 좋은 표본을 선택하여, 표본조사에 의한 오차가 최소한으로 억제된 추정치를 얻었다면 그만큼 정확한 실태조사가 될 것이고, 그렇지 못하고 표본의 오차가

지나친 경우에는 조사 작업 전체가 실패로 돌아가고 말 것이다.

그러므로 우리는 조사의 목적, 경비 및 방법이 결정되면, 그러한 경비의 예산과 자료의 실용성에 비추어, 표본의 크기, 추정치의 종류 및 그 정도 등에 대하여 수학적 고려를 포함한 표본추출 설계(Sample design)를 하게 되는데, 이때 가장 중요한 기준은 일정한 경비와 시간 내에서 가장 정확한 정보를 얻을 수 있는 능률적인 표본추출 방법을 선택하여야 한다는 것이다.

실제로 표본을 추출하는 작업은 현지조사에 들어가기 전에 행하여지며, 표본오차의 산출 및 평가는 관찰과 집계가 끝난 후에 이루어진다.

(2) 표본추출의 기준

표본추출 기준은 표출을 위해 필요로 하는 사전의 기본적인 고려 및 평가사항 또는 준비지침을 말한다.

이와 같은 표출기준은 연구의 성격이나 수준 또는 초점에 따라서 약간 다를 수 있겠지만, 여기서는 일반적인 표출기준 몇 가지만 제시하고자 한다.

① 표본은 무엇보다도 그 모집단의 정확한 상태를 대표할 수 있어야 하고, 이론적으로도 모집단에 타당한 일반화가 가

능하여야 한다. 예컨대 어떤 대학에서 '대마초흡연과 대학생의 행태'를 조사하기로 하고, 이를 전체 대학생으로부터 확률표출을 했다고 하자. 이때 그 대학의 대마초 흡연자의 수가 1~2%밖에 안 된다면 대마초 흡연자의 수가 너무 적어 표본조사의 결과도 어느 한쪽으로 극히 편향되어 실제의 연구문제에도 아무런 타당성 있는 결론을 얻지 못하게 될 것이다.

② 표출을 위해서는 그 모집단이 명백하고 한정적으로 정의되고, 경험적으로 확인될 수 있는 준거를 가져야 한다. 예컨대 어느 대학에서 '대학생의 사회참여태도'에 관한 연구를 할 때, 그 대학의 전체 학생의 한계를 어떻게 설정할 것인가는 그리 쉽지 않다. 휴학생, 군입대생, 청강생의 문제가 그렇고, 실제로 사회참여를 하기 어려운 외국인학생, 신체불구 학생의 경우도 모집단 규정에서 제외할 수 있다. 따라서 등록돼 있는 정규 대학생으로서 사회참여가 가능한 학생이라고 정의할 때에, 그 모집단은 보다 한정적이고 명백하게 된다.

③ 후표출단위는 합리적으로 규정되고, 또 균등한 선택기회가 보장되어야 한다.

표출단위의 규정에 있어서도 그 내용과 범위가 명백히

규정되어야 한다. 한 모집단을 구성하는 동일한 종류의 구성단위라고 하여도 흔히 그 성격에 따라 다양하게 나타날 수 있어서, 특정한 연구의 목적, 가설, 또는 초점 등에는 맞지 않는 단위들이 존재한다. 예컨대 어떤 모집단을 구성하는 단위가 개인이라고 하여도, 각각의 개인은 학력, 연령, 성, 소득, 직업 등의 기준에 따라 상당히 다를 수 있기 때문에, 동일한 구성단위라고 할 때에도 그 연구의 목적에 맞는 기준에 따라 표출단위도 명백히 한정적으로 규정해야 한다.

어떤 종류 및 형태로든 일정하게 규정된 표출단위의 각각에 대해서는, 균등한 표출기회가 확보되어야 한다. 그렇게 되어야만 표본조사의 결과를 모집단의 특성치에로 일반화할 수 있기 때문이다.

④ 표본의 크기는 적절한 규모이어야 한다. 표본의 크기는 30개 미만의 소표본으로부터 수천에 이르는 규모에 이를 수도 있는데, 표본의 크기가 클수록 표출에서 오는 변량을 적게 할 수 있고, 따라서 정확한 결과를 얻을 수 있을 것은 물론이다. 그러나 일정한 정도와 신뢰도를 확보할 수 있는 한도 내에서, 우리는 될 수 있는 대로 표본의 크기를 작게 함으로서 조사의 비용과 시간을 절약하려 하는

것이 표본조사의 가장 중요한 목표이기 때문에, 표본의 크기는 곧 결과의 정확도와 경비의 절약을 함께 충족시킬 수 있는 최저선에서 결정하지 않으면 안 된다.

표본의 크기를 결정하는 요인에는 여러 가지 있겠는데, 우선 일반적 요인으로 ㉮ 모집단의 성격(모집단 구성단위가 이질적일수록 표본이 커야 한다), ㉯ 시간, 예산사정 및 조사자의 능력이 허용하는 범위, ㉰ 수집된 자료가 분석되는 '카테고리' 수(분석의 범주가 많을 수록 표본이 커야 한다), ㉱ 전문가의 경험이나 과거의 조사에서 제시된 선례가 좋은 지침을 제공하게 된다.

다른 한편으로, 표본의 크기를 결정하는 내적요인은 표출상의 확률이론, 즉 표본이 갖는 변이성, 정밀성, 신뢰도 등의 관계에 의해서 주로 결정된다.

(3) 표본추출의 종류

표본추출은 확률표출과 비확률표출로 크게 나눈다. 확률표출(Probability sampling)이란 모집단의 모든 사례들이 표본 속에 뽑힐 확률이 동일한 표출방법들을 말하는데, 이에는 ① 단순 무작위 표출, ② 계통적 표출, ③ 층화표출, ④ 집락표출, ⑤ 다단계표출, ⑥ 연속표출 등의 방법이 있으며, 비확률표출이란 확률표출이 아닌 모든 표출을 말하는데, 그 방법으로는 ① 할당표출, ② 목적표출, ③ 임의표출, ④ 배합표출 등이 있다.

다음에, 이러한 여러 가지 표출방법 중 비교적 중요하고 많이 쓰이는 방법들의 의의 및 그 장단점을 요약해서 설명하고자 한다.

■ 단순 무작위표출(Simple random sampling)

이 방법은 가장 기본적인 확률표본이다. 그 표출절차는 첫째, 모집단내의 모든 단위 또는 사례를 나열하여 일정한 순서에 따른 번호를 부여하고(이때 그 모집단이 전화번호부나 출석부와 같이 이미 어떤 번호가 주어진 경우에는 그것을 이용할 수도 있다) 둘째, 적절한 표본의 크기를 정하며 셋째, 난수표 등을 써서 정해진 표본의 크기만큼 표출단위를 선정하면 된다. 이때 모집단을 형성하는 각 표출단위는 서로 독립되어, 동일한 표출기회를 가지며, 한 단위(또는 사례)의 표출이 다른 단위의 표출확률에 영향을 주지 않아야 한다.

<장점>

① 다른 표출방법에 비해서 모집단에 대한 사전지식을 필요로 하지 않는다.

② 자료의 분류에 있어 오차의 개입이 적고, 그 분류나 오차의 계산도 용이하다.

<단점>

① 연구자가 모집단에 대하여 알고 있는 지식을 활용할 수 없다.

② 비교적 표본의 규모가 커야 하고(최소 100은 되어야 함), 동일한 표본의 크기인 경우, 흔히 층화표본보다 많은 오차를 갖는 경향이 있다.

■ 계통표출(systematic sampling)

전화번호부나 학적부와 같이 모집단을 형성하고 있는 자연순서 또는 일정한 서열로 배정되어 있는 조건하에서, 일정한 모의 구성단위를 추출해서 표본을 형성하는 방법이다.

예로서 300명의 4학년 전학생 중에서 30명의 학생을 표본으로 뽑으려고 할 경우, 계통표출에 의하면, 학생명부에 따라 매5번의 번호를 갖는 학생, 즉 5, 15, 25, 35… 등의 학생을 선출하면 된다. 이때 출발점은 임의의 무작위수, 즉 1, 2, 3, 4, 5, 6… 등 어느 것부터 시작해도 좋고, 그다음과의 간격(k)은, 모집단의 규모(n)를 얻고자 하는 표본의 수로 나누어 얻는다.

〈장점〉

① 모집단의 구성분자들이 그 모집단을 적절히 대표하는 속성에 입각하여 배열한다면, 자연히 그 모집단 구성분자에 대하여 층화효과도 얻고 그래서 단순 무작위보다 분류도 줄일 수 있다.

② 표본추출이 간단하고, 제대로 되었는가를 검사하기도 쉽다.

③ 특히 모집단이 클 경우에 효과적이다.

〈단점〉

① 표출 간격이 모집단의 구성단위들이 갖는 일정한 주기적 변화, 또는 분류된 계통적 순서(연령, 신장, 소득, 학력 등)와 관련되면, 분산이 높아질 가능성이 있다.

② 층화영향을 주는 경우에 오차의 개입이 높아지는 경향이 있다.

③ 모집단을 구성하고 있는 구성단위들에 대한 사전 지식이 요구된다.

3) 측정에 있어서 일반적 유의점

(1) 측정의 의의와 한계

과학적 연구에 가장 중요한 것이 연구대상에 대한 객관적 정보의 획득이고, 이 정보의 획득은 그 사물에 대한 어떤 과학적 측정의 결과이다.

측정(measurement)이란 일정한 규칙(rule)에 따라 측정대상, 즉 사물이나 사건에 대하여 숫자를 부여하는 것이다.

번지수, 온도계, 금전, 임금 같은 우리 주변에서 흔히 볼 수 있는 측정이 많지만, 그렇다고 모든 사물에 숫자를 알맞은 규칙에 따라 부여하는 일이 그리 쉬운 일이 아니다. 측정대상을 정확하게 골라서 약속한 척도에 따라 어김없이 재야 하는 일은 어려운 작업이다.

대상의 속성을 정확하게 파악하려면 사물의 실체를 알고 그 실체를 적절히 대표하고 있는 지표를 정확히 골라내야 한다. 그렇게 해서 잰 지표라야 신뢰성 타당성 등 과학적 자료로 쓸 수 있는 요건을 갖추게 될 것임은 두말할 것도 없다.

대상이 자연학이나 경제학에서처럼, 실질적인 것 또는 무생물인 것은 그 측정이 비교적 용이하지만, 대상이 정신적인 것 또는 사회적인 것들은 대상 파악도 어렵지만 그 추상성 때문에 측정이 대단히 어렵게 된다. 예를 들어 중량, 거리, 소득 같은 것들은 수량적 척도를 쉽게 만들어 측정할 수 있지만, 기업가 정신, 민주성, 표정, 사기 등과 같은 사회적 심리적 대상은 측정하기가 매우 어려운 것은 사실이다.

이러한 점이 바로 오늘날 사회과학이 자연과학에 비하여 과학적 연구와 이론의 축적이 어려워지게 되는 이유의 하나가 되고 있지만, 그렇다고 사회 심리적 대상에 대한 측정이 전혀 불가능한 것은 아니다.

특히 최근 심리학이나 사회학자들의 많은 노력이 이 분야에 기울어져서 과거에는 상상하지도 못했던 여러 측정기법들이 나오고 있다.

지능의 정도를 재는 IQ나, 갖가지 인간 성격이나 태도유형을 측정하는 척도기법들이 그러한 예에 속하는데, 다만 이 경우에 있어서도 애정의 밀도를 교환된 '연서의 횟수'로 재보려는 경우에서 보는 것처럼, 상당히 일면적이고, '일시적인 현상'에 국한되기 쉽다는 한계를 주의할 필요가 있다.

또 사회과학에서 쓰이는 대부분의 척도는 측정의 정밀성에 있어서, 등문척도나 비율척도의 수준에 이르지 못하고, 그저 구분이동만을 표시하는 명목척도나, 대소의 순위만을 나타내는 서열척도에 그치는 경우가 많아서 통계적 처리 분석에 상당한 제약을 받고 있다.

(2) 측정의 두 요소: 타당성과 신뢰성

측정이 합리적이고도 과학적인 것이 되게 하기 위한 가장 중요한 두 요건은 높은 타당성과 신뢰성을 갖추어야 한다는 점이다.

이 두 가지 요건을 완전히 이해하는 것은 상당한 조사방법론상의 지식과 훈련을 요하는 일이지만, 여기서는 간단히 그 개념과 제고방안을 언급하기로 한다.

(가) 신뢰도(Reliability)

신뢰도란 측정에 있어서, 그 결과의 신빙성, 안정성, 일관성, 예측성 또는 정확성을 갖추어야 한다는 것을 뜻한다.

이는 측정에 있어서 동일한 측정대상에 대하여는 시간과 장소를 바꾸어 반복해서 측정해도 그 결과가 동일하거나 비슷하게 나올 수 있도록 되어야 한다는 것이다.

신뢰도가 낮은 측정으로 아무리 많은 정보를 수집해도, 이는 아무 쓸모없는 일일 것은 당연하다. 따라서 가능한 모든 오차를 줄여서 신뢰도를 높이는 것이 과학적인 측면에서 가장 중요한 것이다.

〈제고방안〉

① 측정도구를 형성하는 각 문항을 가능한 한 명백히 표시한다. 각 문항의 내용이 모호한 경우 무엇을 뜻하는지 정확히 몰라서 멋대로 해석을 내릴 가능성이 있기 때문이다.

② 만일 측정도구 자체가 신빙성이 없다고 생각되면 종류와 질이 같은 보다 많은 문항을 추가한다. 문항을 추가함으로써 같은 것을 여러 각도에서 반복해서 살펴보는 효과가 있기 때문이다.

③ 측정도구의 사용 또는 응답에 있어 가능한 한 명백하고 자세하며, 표준화된 설명이 필요하다. 측정도구를 만들 때, 응답상황을 깊이 고려하면서 작성하면 이러한 오차가 줄여질 수 있다.

④ 측정도구의 문항을 작성할 때 각 문항의 성격을 비교해서 서로 대조적인 (또는 반대되는) 문항들을 골라서 비교검토해 보는 것도 좋다. 측정의 차원이 서로 다르다고 한다든가 또는 동일한 차원을 정반대의 입장에서 측정하려는 각 문항 간에는 그 결과가 서로 대조적으로 나타나야 한다. 이와 같은 조정과 비교는 각 문항의 신뢰도를 높여 주게 되는 효과가 있다.

결국 측정의 근원이 되는 요인들, 즉 인위적인 상황요인, 측정도구의 내용, 또는 측정과정 및 환경관리에 이르기까지 세심한 주의가 필요하다는 것이다.

(나) 타당성(validity)

타당도는 측정하려는 것을 제대로 측정하고 있느냐의 문제이다. 따라서 무엇이 측정되고 있느냐의 문제, 즉 측정하고자 하는 대상이 갖는 사실 상태를 그대로 나타내고 있느냐의 동일성 또는 유사성의 정도가 그 주과제가 된다. 예컨대 지능정도를 측정하기 위해서 신장의 크기를 지표로 잡았다면 이 측정은 타당도가 낮을 수밖에 없을 것이다.

요즘 특히 사회과학에서 실험조사법이 많이 쓰이게 되면서, 측정도구의 개발이 활발하게 이루어지고 있는데, 이때 측정도구를 만들어 쓰는 기술적, 절차상의 주의 사항으로 신뢰도가 문제되는 것과 마찬가지로 측정도구가 과연 타당성을 갖는 것이냐 하는 내용적, 이론적 문제도 대단히 중요한 문제로 대두되고 있다. 측정도구가 아무리 신뢰도가 높다 하더라도 타당도가 없다고 하면 그 측정의 결과는 동문서답이 되기 때문이다.

측정의 타당도를 평가하기는 대단히 어려운 것이지만, 대체로 두 가지 측면에서 검토해 볼 수 있다.

■실용적 타당성(pragmatic validity)

어떤 측정도구가 측정하고자 하는 연구대상의 속성 또는 내용을 제대로 대표할 수 있는 진정한 지표인가의 문제와 그 측정결과가 측정대상의 미래상태까지 올바르게 예측할 수 있도록 측정되었느냐의 문제를 포함한다. 예컨대 고시성적이 실제 고급공무원으로서 취임한 뒤에 실적평가와 상관성이 높으면 고시성적이라는 측정은 타당도가 높은 것이 된다는 것이다.

■구성적 타당도(constinet validity)

측정의 기초를 이루고 있는 이론적 구성의 타당성을 문제로 삼는 것이다. 예컨대 정치참여의 결과 만에 관심이 있는 것이 아니라, 일정한 정치참여행태의 원인 및 앞으로 이 상태를 예측함에 있어서 이론적으로 더욱 타당한 검토를 하자는 데 그 초점이 있다. 즉, 유권자들의 정치참여행태에 영향을 주는 각 요인, 예컨대 가정의 전통, 종교, 사회경제적 지위, 교육, 연령, 지역 및 정치적 신념 등의 변수들과 같은 요소들의 구성관계를 이론적으로 밝혀가면서 파악했느냐의 문제이다. 이때 각 구성요인 간에 상관관계가 높이 났다면 그 측정은 구성적 타당성이 높다고 할 수 있다.

<제고방안>

① 측정도구의 항목을 선정할 때에, 측정대상이 갖는 무한한 내용 측면 중에서, 측정하고자 하는 측면을 진실로 대표할 수 있는 항목인가에 대하여, 논리적 검토를 깊이 하여야 한다.

② 측정대상의 대표성에 대한 논리적 검토에 자신이 없을 때에는, 그 방면 전문가들의 전문적인 지식, 경험 및 판단을 얻어서 측정도구를 형성하는 것도 타당성을 높이는 데에 큰 도움이 된다.

③ 전문가 의견 기준방법의 한 형성으로서, 상반된 성격을 갖는 두 개 이상의 집단을 선정하고, 그들 요인에 대하여 일정한 측정도구를 적용하여 그 측정결과가 상반되는가의 여부를 비교해 봄으로써, 그 타당도를 반응해 볼 수 있다.

④ 측정도구의 구성항목은 측정대상의 관찰이 가능한 내용 항목 중에서 될 수 있는 대로 많은 항목을 뽑아서 만들 때, 신뢰도가 높지만 이론적 타당성도 높다.

⑤ 일정항목의 측정결과가 이미 실제상황에서 비교평가 될 수 있었던 기존에 믿을만한 측정도구를 참고하는 것도 타당성을 높이는 좋은 방안이 된다.

어떻든 타당도의 문제는 과학적 연구의 핵심이며, 그것은 또한 이론적인 뒷받침을 필요로 하는 것인데, 특히 구성적 타당도의 문제는 더욱 그러하다. 측정의 구성은 그것이 대표하고 있는 실체의 성격과 측정되고 있는 측정체의 속성에 대한 성격과의 관련에 대하여 그것들이 서로 '왜', '어떻게' 관련되고 있는가에 대한 보다 명백한 이론적 설명을 할 수 있지 않으면 안 되기 때문이다.

4) 관찰에 의한 자료의 수집

(1) 관찰조사의 의의와 효용

우리는 일상생활을 해 나가면서 우리 주위에서 일어나는 일들을 늘 관찰하면서 살고 있고, 사실 우리가 가진 사물에 대한 정보자료의 상당부분이 이러한 관찰에서 얻어진 것이 기초가 되어 있다. 그러나 과학적인 조사기술로서 관찰법을 쓸 때에는 일상의 관찰과는 달리 ① 일정한 연구목적에 기여하고, ② 체계적으로 계획되며, ③ 체계적으로 기록되어 일반화된 명제에 관련시키며, ④ 그의 타당도와 신뢰도를 검정 또는 확인할 수 있게 되어야 한다.

이러한 관찰조사는 자료 수집 방법으로서는 아직 완전하지 못한 방법이어서 뒤에 설명할 질문지법이나 면접법과 함께 쓰이는 경우가 많지만, 관찰이란 인간이 갖는 가장 기초적인 자료 수집 형태라는 점에서 모든 과학도들에게 이 방법에 대한 기본적인 이해와 활용이 요구되는 것이다.

<관찰조사의 장점>

① 관찰방법은 인간행태의 발생과 동시에 그대로 생생한 현장포착이 가능하다. 즉, 면접이나 질문서에 의해 자료를 수집하는 것은 구두표현이나 기호에 의해, 인간의 과거행태나 회상 또는 추측을 토대로 응답케 하는 간접적인 자료 수집법인데 비하여, 관찰은 관찰자가 직접 현장에서 생생한 자료를 얻을 수 있는 방법이다.

② 관찰은 말(언어)로의 표현이 불가능한 것이나 또는 말을 하지 못하는 연구대상에 대한 자료 수집이 가능하다. 말 못 하는 어린아이들의 행태나 동물 등의 행태를 연구하고자 할 때에는 관찰 이외의 방법으로는 자료 수집이 거의 불가능하다.

③ 구두표현의 능력은 있더라도, 조사대상이 면접을 거부하거나 또는 의식적으로 말하기를 꺼리는 경우가 있는데, 이때에도 조사대상의 협력을 덜 필요로 하는 관찰법이 더

효과적인 방법이다. 않은 인류학적 연구가 바로 이 경우에 속한다.

이러한 장점들 때문에 심리학, 인류학, 사회학 등에서, 탐색적인 연구에서는 물론, 가설검증이나 실험적 연구에서도 관찰조사가 많이 쓰이고 있다.

<관찰조사의 단점>

① 조사자가 관찰하고자 하는 현상을 적시에 그리고 정확하게 포착하는 것이 어렵다. 예컨대 인류학자가 어떤 종류의 결혼양식을 연구하려고 할 때에는, 결혼식이 있기까지는 기다려야 한다.

② 장기적으로 계속되는 현상 또는 사건을 관찰법으로 파악하기는 대단히 어렵다. 또 사건의 규모가 지나치게 큰 경우도 관찰법을 적용하기가 어려운데, 인간의 제한되고, 선택적인 관찰로는 그 전모를 파악하기가 어렵기 때문이다. 사람의 일생을 파악한다던지, 큰 전쟁을 관찰할 수는 없다.

③ 연구의 대상이 되는 사건이나 행동이 비밀리에 행해지거나 비공개적인 성격을 가질 때에도 관찰은 불가능하다. 가정불화나 성행동 등이 그러한 경우이다.

④ 관찰된 결과에 대한 해석에 있어 관찰자들의 지식, 경험, 또는 직관에 따라 여러 가지로 달라질 수 있으면, 자료의 신뢰성과 타당성이 낮을 염려가 있다. 따라서 관찰방법을 효과적으로 적용하려면, 관찰방법의 여러 특수성을 충분히 고려하여야 하며, 특히 관찰대상과 그 상황에 대한 충분한 지식을 가져야 하며, 관찰에 대한 많은 훈련과 경험을 갖추어야 한다.

(2) 관찰조사의 종류

관찰은 그 절차가 조직적이고 통제되어 있는가의 여하에 따라 조직적 관찰(structured observation)과 비조직적 관찰(unstructured observation)로 나누는데, 전자는 관찰의 절차와 대상을 사전에 명확히 정하고 그의 타당성과 신뢰성을 확보하기 위하여 관찰 조건을 표준화한 경우를 말하고, 후자는 비통제관찰이라고도 하는 것으로 관찰의 대상이나 도구를 명백히 규정하지 않고 어떤 현상을 관찰하는 방법으로써, 대상의 자연성과 전체적인 유기성을 살리려는 방법이다.

또한 관찰은 관찰의 대상이 되는 집단의 내부에 들어가 그 구성원의 일원이 되어 공동생활에 참여하면서 관찰하는 참여 관찰(participant observation)과 관찰자가 제3자의 입장에서 관찰하는 비참여관찰(non-participant observation)의 방법의 두 가지로 구분되기도 한다.

참여관찰은 특히 인류학자나 사회심리학자들이 많이 쓰는 방법인데, 이는 단순히 관찰대상 집단에 들어가서 관찰하게만 하면 되는 것이 아니라, 그 집단의 구성원으로서 신분도 갖고 어떤 역할을 수행하면서 관찰하는 방법이다. 죄인문제를 연구하기 위해서 스스로 죄인 복을 입고 들어가서 같이 죄인생활을 하면서 조사한다던가, 깡패사회를 조사하기 위해서 스스로 깡패의 일원이 되어서 관찰을 하는 경우가 바로 그것인데, 이때에는 평소에 외부 사람이 관찰하기 어려운 자연스럽고도 지극히 내밀한 사실들까지 관찰할 수 있는 장점이 있다.

그런 반면, 관찰자가 성원으로서의 어떤 임무를 수행하면서 관찰을 함으로, 관찰활동의 충실성을 지키기 어렵고, 집단성원과의 감정적 관계 때문에 객관성을 잃기가 쉬우며, 다른 관찰자가 동일한 방법으로 관찰하기 어렵기 때문에 자료표준화나 신뢰성을 검증하기도 어렵다는 단점이 있다.

참여관찰은 대개 비조직적인 관찰의 경우에 많이 적용되고, 비참여관찰은 조직적인 관점에서 흔히 적용되나, 참여관찰에 있어서도 고도로 조직적인 관찰을 할 수 있음은 물론이다.

어떠한 관찰방법을 쓰던, 관찰자는 대단히 조심스러운 설계와 진행을 하지 않으면 안 되는데, 다음에 그 중요한 유의점을 지적해 보기로 한다.

(3) 관찰조사 진행상의 유의점

■ 관찰의 내용 또는 대상의 명백한 규정

관찰에 있어서 제일 중요한 것은 관찰대상과 내용을 명백하고도 정확하게 규정하는 것이다. 만일 집단 구성원 간의 협동 상태를 관찰을 통하여 조사하고자 한다면, 먼저 협동적 행태가 무엇이며, 또 다른 행태와 어떻게 다른가를 정확히 규정한 뒤에라야, 관찰에 임할 수 있을 것이다. 이점은 조직적 관찰에서는 말 할 것도 없고, 특히 관찰의 내용이나 절차가 사전에 설정되기 어려운 비조직적 관찰의 경우에 있어서도, 관찰내용의 중요대상을 너무 넓게 설정하여도 좋다는 것은 아니다. 연구목적에 합당한 관찰대상을 세심하게 추려보고 초점을 좁혀 둘수록 관찰의 결과가 풍요할 것은 두말할 것도 없다.

이러한 관찰내용의 결정은 곧 내용의 '카테고리'화와 측정 단위의 결정이 뒤따를 때에 더욱 완벽하다.

■ 관찰의 기록

관찰에 있어서의 기록문제는 언제 기록을 할 것인가 하는 문제와, 어떠한 방법으로 기록할 것인가 하는 두 가지 점이 중요하다.

물론 관찰내용을 사건현장에서 즉시 기록하는 것이 가장 정확하겠지만, 때로는 면전기록이 관찰대상에게 의심을 주어 자연스러운 사태발전을 저해할 우려도 있고, 기록에 너무 정신이 쏠리면 사태의 관찰을 해칠 우려도 있다. 이때는 머릿속에 기억을 해두었다가 나중에 기록을 하는 수밖에 없지만, 잊기 쉬운 기억력을 돕기 위하여 관찰대상에게 특히 방해를 주지 않을 정도의 간단한 기호나 약자를 써 두었다가 나중에 완전하게 기록해 나가는 방법이 많이 쓰이고 있다.

자유스러운 기록이 가능할 때에는, 그 기록을 보다 정확하게 하기 위하여, 최근에는 녹음기나 카메라, 또는 VTR 같은 도구의 힘을 빌리는 사례가 많이 늘어나고 있다.

■ 관찰자와 피관찰자와의 관계

첫째는, 관찰조사에서 얻은 자료가 관찰자의 주관이 너무 개입되어 객관성을 잃게 되지 않도록 관찰자 스스로 대단한 주의를 하지 않으면 안 된다.

둘째로, 관찰자는 자기가 관찰하는 상황에 가능한 한 어떤 영향을 주지 않도록 하여야만, 자연 상태에서 조작되지 않은 정확한 자료를 얻을 수 있을 것임은 말할 것도 없다.

또 관찰자가 피관찰집단에 들어갈 때에는 집단의 성원들이 납득할 만한 이유를 제시해야 하는데, 이것은 관찰자가 직접 해도 되지만 그 집단의 유력자가 대신해 주는 것이 더 효과적일 때가 있다. 그리고 흔히 참여관찰인 경우에 장기간 관찰대상 내에 동화되면, 오히려 관찰대상자들의 관점에서 관찰하게 될 위험도 있으므로, 관찰자 자신은 집단에의 참여정도에 대해 미리 그 한계를 정해두고, 지나치게 감정적인 동조감이 일어나지 않도록 주의하는 것이 필요하다.

■ 관찰의 타당도와 신뢰도

관찰의 신뢰도를 높이기 위해서는 여러 가지 방법이 강구될 수 있지만, ① 훈련을 통해서 관찰기술을 습득, 향상시킨다든가, ② 녹음기나 카메라 등을 사용해서 기록의 신빙성을 높이고, ③ 같은 문제를 서로 다르게 볼 수 있는 가능성을 줄이기 위해, 복수 관찰의 결과를 상관시켜 보고 상호일치의 정도가 높은 공통점을 찾아보는 방법 등이 있다.

관찰의 타당도를 높이기 위해서는 관찰자의 편견이나 주관을 배제하고 그의 추리를 주리면서, 동시에 관찰 아닌 다른 방법, 즉 면접이나 질문지법을 통해서 자료를 구해 보는 방법을 병행해 보는 것도 큰 도움이 될 것이다.

5) 질문(설문)지에 의한 자료의 수집

(1) 질문(설문)지법의 의의와 효용

자료 수집 방법으로서의 관찰법은 생동하는 현장에서 직접 자료를 수집 하는 데는 좋은 방법이었지만, 사회조사에 있어서는 이러한 직접관찰이 불가능하거나 바람직하지 못한 경우가 더 많다.

인간의 지각, 신념, 감정, 동기, 기대, 미래의 계획이나, 또는 과거의 행동이나 사적행위에 관한 정보를 얻기 위해서는, 그 당사자에게 물어서 그의 응답을 들을 수 있는 질문서(questionnaire)나 면접 (interview)과 같은 기술에 의존하는 것이 훨씬 더 효과적인 경우가 많다.

질문서나 면접은 두 가지가 다 응답자의 언어적 표현에 의존하게 된다. 물론 응답자의 보고는 표현하는 그대로 받아들이는 것이 원칙이지만, 때에 따라서는 응답자에 대한 다른 지식이나 심리학적 이론에 비추어 해석 할 수도 있고, 응답자가 보고하지 않은 다른 활동에 비추어 추리할 수도 있다.

그러나 이러한 해석의 량과 종류를 불문하고 응답자의 보고가 이 두 가지 방법의 근거나 되는 것임에는 틀림이 없고, 따라서 이와 같은 조사방법은 응답자가 언어로 표현할 수도 있고, 또 그러한 협조적 의사가 있을 때에만 소기의 성과를 얻을 수 있는 것이다.

이와 같이 두 가지 방법은 공통성이 있는 반면 상당한 차이도 있는데, 질문서는 면접에 비해 다음과 같은 특징이 있다.

① 질문서는 면접보다 시간, 노력, 비용이 적게 든다. 면접과 같이 절차상의 까다로운 기술이 필요한 것도 아니고, 경우에 따라서는 우송할 수도 있고, 동시에 많은 사람을 집합시켜 놓고 할 수도 있다.

② 질문서의 비개인적 성격, 즉 표준화된 언어구성, 표준화된 질문의 순서, 표준화된 지시 등으로 인하여, 상황에 따라 변하지 않고 질문의 제일성을 기할 수 있다.

③ 질문서 방법은 피조사자가 익명으로 응답할 수 있기 때문에, 응답자는 그의 응답에 대한 비밀보장에 더 큰 안도감을 가질 수 있고, 따라서 평소에 남에게 발표할 수 없는 사항도 자유롭게 표현, 기술할 수 있게 한다.

④ 면접에서는 즉시 응답을 해야 하기 때문에 응답자가 압력을 느끼게 되고, 따라서 바쁜 사람에게는 적용하기가 어려운데 반해서, 질문자는 시간적 여유가 있기 때문에 심사숙고한 결과보다 정확한 응답을 얻을 수 있다.

⑤ 이러한 장점이 있는 한편, 질문서가 문자를 읽고 알맞은 표현을 해야 하는 부담 때문에, 문맹자와 같이 학력이 낮은 층에는 적용하기 힘들고, 또 회수율이 낮은 경우가 많다는 단점이 있다.

(2) 질문지의 주요형성

질문지의 주요형성을 대별하면 개방식 질문(open-ended questions)과 폐쇄식 질문(closed questions)이 있다. 폐쇄식 질문은 주어진 응답의 성격에 따라 찬부식, 선다식, 평정식 등의 여러 가지 방법이 있을 수 있는바, 다음에 그들의 주요 특징과 예를 들어 보기로 한다.

■ 개방식 질문

이는 질문을 미리 일정한 '카테고리'에 따라 답변할 수 없는 경우에 응답자로 하여금 자유롭게 답변할 수 있도록 하는 방식이다. 이러한 방식은 사전에 응답의 특정한 방향이나 내용의 윤곽을 정할 필요가 없거나, 또는 어려울 때 쓰이는 것으로 체험, 이유, 동기, 방안 등 보다 깊고 폭이 넓은 사항을 조사하는 항목에서 많이 쓰인다. 예컨대 "공무원의 사기를 저해시키는 원인을 몇 가지 적어 주십시오"와 같은 것이 그것인데, 이 형식은 응답자에게 심리적인 부담을 주는 경우가 많아서, 허술한 응답이 많고, 주관적인 내용이 많아서 자료처리가 아주 번거롭게 된다. 따라서 이 형식의 질문은 가능한 한 제한해서 사용할 필요가 있다.

■ 찬부식 질문

이분된 '카테고리'에 따라 답변하도록 구성된 질문으로, "예", "아니오"라던가, "있다", "없다" 등의 답변을 하게 하는 방식이다. 예컨대 "외국 유학의 경험이 있으십니까"와 같은 그 것이다.

■ 선다식 질문

하나의 질문에 대해서 몇 개의 항목을 미리 정해서 답변케 하는 형식의 질문이다. 이 방식을 쓸 때에 주의할 것은, 각 항목이 질문의 답이 될 수 있도록 망라적이어야 하며, 동시에 각 항목 간에는 상호 배타성이 있어야 한다. 항목 간에 의미와 경계가 모호하면 응답자가 어느 것을 택할지 난처해지기 때문이다. 또 항목을 아무리 많이 나열해도, 응답자는 제시된 '카테고리' 이외의 답변을 할 가능성이 있기 때문에 그런 경우에 대비하여 항목 끝에 "기타( )" 항목을 만들어서 응답자로 하여금 당황하지 않고 신축성 있게 답변할 수 있도록 할 필요가 있다. 선다식 질문에서는 답을 하나만 선택하게 할 수도 있고, 필요에 따라서는 둘 이상을 선택하게 할 수도 있다. 예를 하나 들어 보면 다음과 같다.

"선거에서 승리"하는 데 작용하는 요인을 세 가지만 택해 주십시오.
1. ( ) 정당배경 2. ( ) 인품 3. ( ) 학벌 4. ( ) 재력 5. ( ) 혈연관계
6. ( ) 지연관계 7. ( ) 참조진의 능력 8. ( ) 경력 9. ( ) 기타
10. ( ) 모르겠다.

위의 질문에서 세 가지 요인을 동등하게 '체크'하게 할 수도 있고, 또는 그 중요성에 따라 서열 순으로 숫자를 매기게 할 수도 있겠는데, 후자의 방식이 곧 서열식 질문이라고 한다.

■ 평정식 질문

질문에 대한 답에서 강도를 알아내려는 질문방식이다. Licket-type의 척도가 여기에 속하는데, 질문의 항목은, "좋다-나쁘다",

"찬성이다–반대이다" 또는 "빈번하다–뜸하다" 등의 표현을 정도별로 나누어서, 3점에서부터 5점, 7점, 또는 10점까지의 강도를 표시하도록 하는 것이다. 다음 질문들은 이 형식의 예이다.

"핵가족제도를 어떻게 생각하십니까?"

(5)	(4)	(3)	(2)	(1)
절대찬성	찬성	중립	반대	절대반대

"선생님은 강의를 얼마나 잘하신다고 스스로 생각 하십니까?"

1   2   3   4   5   6   7   8   9   10

아주 못한다.　　　　　　　　　　　　　　　　아주 잘한다.

---

(3) 질문지의 작성요령

질문지 작성은 일반적으로 다음과 같은 절차를 거쳐서 이루어진다.

■ 정보내용의 결정

질문지작성은 무엇보다 어떤 정보를 얻을 것인가를 명백히, 한정적으로 규명해야 한다. 다시 말하면 질문서에 포함되어야 할 문항의 요소들을 구체적으로 명기해 보고, 전체적으로 가정표도 만들어서, 자기의 연구에 어떻게 쓰일지에 대해서도 검토해 보고, 또 빠진 것이나 필요 없는 항목이 있는지 세밀히 검토해 본 연후에 확정해야 한다.

■질문의 형태결정

질문서에 포함될 내용요소가 결정되면, 각 항목을 어떤 질문형식으로 묻는 것이 보다 정확한 정보를 효과적으로 얻을 수 있을 것인가를 결정해야 한다.

개방형인가, 또는 폐쇄형인가를 결정하고, 폐쇄형이면 다시 그 안에서 어떤 방식이 보다 능률적인 질문형식이 될 수 있을지에 대해서도 검토 결정하여야 한다.

폐쇄형 질문형식을 택하기로 결정된 경우에는, 제시돼야 할 선택수가 망라 적이고도 서로 배타적이도록 마련하는 것은 상당한 시간과 노력이 필요한 작업이다.

■질문서의 초안 작성

질문서에 포함될 항목이 결정되고, 각 항목에 대한 질문형식도 결정되면, 그들을 일관성 있게 조직하여, 질문서의 초안을 작성하게 된다. 이때에 특히 주의를 요하는 것은 질문의 수,

순서 및 언어구성이라고 할 수 있다.

아무리 의욕적인 연구를 하고 싶어도 질문의 수가 너무 많으면 응답자에게 권태감을 일으켜서, 아예 질문지가 돌아오지도 않거나 돌아온다 해도 끝 부분의 질문에 대해서는 비어 있거나 피상적인 응답이 되어 버릴 위험이 높기 때문에 아주 특별한 경우를 제외하고는 30개 이하의 질문수, 또는 30분 이내에 응답이 완결될 수 있도록 응답수를 조절할 필요가 있다.

질문문항들의 순서배열 요령은, 첫째 응답자가 흥미를 가지리라 생각되는 질문, 또는 일반적인 질문을 앞에 오도록 하고, 핵심이 되거나 특수한 질문을 뒤로 배열하고, 둘째로는 서로 관련되는 질문을 한곳에 묶어서 배열하되 가끔 응답의 일관성을 검증할 필요가 있을 때에만 간혹 몇 개의 질문을 분리시키며, 끝으로 조사목적과 직접적인 관계가 없는 질문은 맨 끝에 놓아 일관된 사고에 대한 간섭을 피하도록 하는 것이 좋다.

또 질문의 어구를 어떻게 작성하는가도 대단히 중요한 것인데, 애매하고 중복의 뜻을 갖는 표현을 피하고, 될 수 있으면 간단하고 명료하며, 전문용어보다는 보통사람이 이해하기 쉬운 단어와 문장을 쓰며, 특정인의 이름이나 응답자의 신상에 관련된 질문은 될 수 있는 대로 피하는 것이 좋으며, 부정적인 어법도 오해를 사기 쉬우므로 피하는 것이 좋다.

▪ 질문서의 재검토

자기 혼자서 질문서를 다 만들어 본 뒤에는, 그 분야에서 경험이 많은 전문가에게 보여 조언을 듣고, 부족하거나 잘못된 것이 있으면, 수정 보완하는 것도 큰 도움이 된다.

▪ 질문지의 사전검사(pretest)

본격적인 연구를 시작하기 전에, 소규모의 대상에게 질문지를 한번 사용해 봄으로써 질문의 언어구성이 너무 어렵지 않은지, 길이는 제대로 맞는지, 추가 또는 삭제할 질문은 없는지 등, 예기치 못했던 점들을 발견하여 시정할 기회를 갖는 것은 본조사를 능률적으로 하는 데 대단히 큰 도움이 된다.

▪ 질문지의 편집, 인쇄 및 그 사용절차의 구체화

이상의 단계가 모두 끝나면, 질문서를 편집, 인쇄하게 된다. 질문서는 취급하기 쉽고, 인쇄가 분명하며, 알기 쉽게 만들어져야 하며, 개방식일 경우 기입에 충분히 여유를 확보해야 한다. 또 어떤 특정한 응답자에게만 물어야 할 질문이 무엇이며, 추가설명이 필요한 질문, 또는 응답기입상의 주의가 필요한가의 여부 등을 포함한 구체적인 사용계획을 수립하여야 한다.

6) 면접에 의한 자료의 수집

(1) 면접의 의의와 효용

면접은 인간이 일상생활에서 정보수집 방법으로 가장 널리 쓰이고 오래된 방법이지만, 하나의 조사연구기술로서 사용되기 시작한 것은 최근 임상적 진단이나 상담에서부터 시작해서 복잡한 심리적 정보를 획득, 측정, 기록할 수 있는 기법이 방달하면서부터이다.

연구도구로서의 면접은 다음과 같은 기능을 한다.

① 면접은 연구의 초기단계에서 연구 분야를 한정하거나, 가설을 설정하는 데 중요한 시사를 얻기 위해서 쓰일 수 있다. 또 질문서를 사전 검사하는 데에도 쓴다.

② 면접은 연구과정에서 자료 수집의 주된 도구로 사용되기도 한다. 실험적 연구에서는 실험전후를 통하여 대상에 대한 측정치를 얻는 데 면접방법을 쓸 수 있고, 비실험적 연구에 있어서도 변수 간의 상관관계를 측정하는 데 사용할 수 있다. 면접이 자료 수집의 주된 도구로 쓰일 때는 면접기법을 표준화하는 문제나 신뢰성과 타당성을 측정하는 문제가 더욱 중요성을 가지게 된다.

③ 면접은 다른 방법으로 얻은 자료를 명백히 하는 데 사용되기도 한다. 관찰이나 질문서, 기타 심리측정에서 얻은 결과를 더욱 명백히 하고 보완하는 데 쓰일 경우에는, 예측하지 못한 결과를 탐식하여 다른 방법에 의한 자료의 타당성여부를 검토하는 한편 응답자들의 응답동기 및 그 이유 등에 대해서 깊이 알아볼 수가 있는 것이다.

이러한 다양한 기능을 가진 면접은 질문서와 비교해 볼 때 다음과 같은 특징을 갖고 있다.

① 질문서는 읽고 쓸 줄 알아야 하기 때문에, 응답자의 교육수준이 어느 정도에 달하지 않으면 쓸 수가 없다. 그러나 면접은 모든 부분의 인구층을 망라하는 연구에 적합하고, 특히 문맹자가 많고 교육수준이 낮은 집단의 연구에 적합하다.
② 면접은 질문서보다 더 공정한 표본을 얻을 수 있다. 질문서는 특히 우송할 경우, 회수율이 낮고, 회수된 것은 대개 유식하고 좀 여유가 있으며, 그 문제에 관심을 갖고 있는 사람들의 반응이기 때문에 회수된 자료를 가지고 모집단의 특성을 추측하기가 어려워진다.

③ 면접은 보다 높은 융통성과 신축성이 있다. 응답자가 질
문을 이해하지 못하거나 잘못 이해하였을 때 질문을 반복
하거나, 좀 더 쉬운 말로 풀이해 줄 수도 있고, 응답자의
태도까지 관찰하면서 응답의 신빙성을 체크할 수도 있고,
응답자의 태도까지 관찰하면서 응답의 신빙성을 체크할
수 있고 필요하다면 추가질문을 할 수도 있다.

다만 조사비용이 많이 들고, 면접의 관리와 통제가 힘
이 들며 많은 기술이 요구되고, 면접자의 편견의 개입과
면접결과를 속일 수 있는 단점이 있다.

따라서 면접은 보다 복잡하고 감정적인 문제를 깊이 있
게 연구할 때에 적절한 기법이라고 할 수 있다.

(2) 면접의 주요형태

면접은 면접의 상황과 목적에 따라 표준화면접(standardized
interview)과 비표준화면접(unstandardized interview)의 두 가지 형
태로 나누어진다. 이 분류는 질문지법의 구조화 여부에 대응하
는 것으로 표준화면접은 면접하기 전에 질문할 것을 미리 준비
해 가지고 하는 것이며, 비표준화면접은 질문의 내용이나 순서
를 미리 정하지 않고 응답자나 면접의 상황에 따라 말이나 순
서를 융통성 있게 바꾸어 할 수 있는 형식이다.

표준화면접이 조사자의 행동이 통일되고, 반복적인 면접이 가능하며, 면접결과의 계량화 측정이 용이하고, 신뢰도가 높다는 장점을 가진데 비해서, 비표준화면접은 면접상황에 대하여 신축 적응성이 높으며, 면접결과의 타당도가 높고, 새로운 사실이나 '아이디어'의 발견 가능성이 높다는 것이 장점이라고 할 수 있다.

이 두 방법의 장단점을 중화하기 위해서 비표준화면접을 할 수도 있는데, 이때는 일정한 수의 주요한 질문은 표준화하고 그 외의 질문은 비표준화하는 것이다.

이러한 방법들의 선택은, 연구의 목적, 연구의 상황 및 면접자의 숙련도에 따라 결정된다고 할 수 있으나, 표준화 방법은 대체로 가설 또는 사실의 확인을 위한 면접에, 그리고 비표준화면접은 주로 새로운 가설 또는 사실의 발견에 사용되는 경향이 있다.

표준화면접에 사용되는 조사표의 작성요령은 질문지법의 것과 대동소이하다.

(3) 면접실시상의 유의점

면접의 실시를 통해서 필요한 정보를 정확하고도 능률적으로 획득하는 것은, 하나의 예술에 가깝다고 할 만큼 복잡하고도 세심한 주의와 기술을 요하는 것이다. 여기에 그 주요한 유의점을 지적해 두고자 한다.

■ 면접실시와 주의사항

면접이 근본적으로 면접자와 응답자 간의 사회적 상호작용의 과정이기 때문에, 면접이 시작될 때는 무엇보다 양방이 충분히 이해하고 우호적인 분위기가 되어야 상호작용이 일어나게 된다. 그러기 위해서는 다음과 같은 점을 유의해야 한다.

① 면접자들은 우선 응답자에게 친밀감내지 인간적인 접근성을 갖도록 하여야 한다.

② 응답자들이 면접에 대해서 공포감을 느끼거나 불안해하지 않도록 해야 한다. 그러기 위해서는 면접자는 일정한 자기 소개과정을 하되, 신분소개, 면접의 목적, 응답 대상자가 뽑힌 계기와 방법을 명료하게 설명해 주어야 한다.

③ 응답 대상자들이 면접할 내용과 이를 통한 연구의 중요성을 인식시킨다.

④ 응답자가 바쁘거나 부재 시에는 상황에 따라서 면접시간을 약속하든가, 또는 거절하는 경우에는 그때의 상황에 따라 면접내용을 다시 친절하게 구체적으로 설명하여야 한다.

■ 면접실시의 주의점

① 면접자는 성실하고 진지한 태도를 구비하고, 또한 여유 있게 면접에 임하여야 한다.

② 응답자의 응답을 주의 깊게 들을 것이며, 응답에 지나친 찬성 또는 반대의 태도를 보여서는 안 된다.

③ 표준화된 면접인 경우에는 조사표의 내용 및 그 순서에 따라 면접을 진행하여야 한다.

④ 응답자들에게 응답에 필요한 일정한 시간을 주는 것이 좋으며, 또 제대로 이해를 못하는 경우에는 친절하게 다시 설명해 주어야 한다.

⑤ 응답자의 응답이 필요이상으로 길어지거나 또는 다른 방향으로 이탈하는 경우에는 그 응답분위기를 깨지 않는 범위에서 적절히 조절하는 것이 필요하다.

⑥ "모른다"는 응답이 나올 경우에는 진실로 모르는지, 아니면 다른 이유가 있는지에 대해서 주의 깊게 파악하여 그에 대처하여야 한다.

■ 탐색적 질문(Probing) 요령

탐색질문(Probe question)이라함은 응답이 불충분하거나 정확하지 못하다고 느꼈을 때, 추가질문을 하여 충분하고도 정확한 답을 캐내는 것을 말한다.

탐색방법으로서는 다음과 같은 기법을 쓸 수 있다.

① 응답자의 대답에 "예", "그렇겠군요" 등의 긍정적 어구를 자연스럽게 써서 응답자가 다음 말을 계속하도록 자극시킨다.

② 너무 간단한 대답을 할 때에는 면접자가 다음 말을 기대하는 듯한 표정으로 상대방을 응시하여 대답이 계속되도록 유도 자극한다.

③ 응답자의 대답을 요약 되풀이해 주면, 응답자로 하여금 그의 대답을 좀 더 정확하고 자세히 말하도록 하는 데 효과적이다.

④ 탐색질문을 함에 있어, 일정한 대답이 나오도록 유도하는 방향을 지시하거나 또는 암시하는 식의 표현은 삼가야 한다.

⑤ 필요 이상의 너무 지나친 탐색질문은 하지 말아야 한다.

■ 면접기록상의 주의점
① 면접결과는 될 수 있는 한, 면접 중에 기록해두는 것이 정확하다.

② 응답자가 말한 것을 요약하거나 환언하지 말고 그대로 받

아쓸수록 좋다.

③ 면접자가 '코멘트'했거나 캐물은 것도 기록해두면 뒤에 많은 참고가 된다.

④ 기록하는 일로해서 응답자의 흥미를 잃게 해서는 안 되며, 그 초점이 흐려지게 해서도 안 된다.

⑤ 기록의 현장성, 정확성 및 포괄성을 위해서는 응답자의 양해를 얻을 수 있는 한, 녹음기나 VTR 등의 기기를 활용하는 것도 큰 도움이 될 것임은 두말할 것도 없다.

■ 면접종결시 주의점

면접이 끝났다고 해서 친절을 잊어서는 안 되며, 응답자로 하여금 이러한 면접에 결과할 조사연구에 대해서도 기대와 호감을 지속하도록 끝까지 좋은 기분으로 헤어질 수 있도록 배려하여야 한다.

때로는 응답자가 제공한 정보가 혹시 오용될 염려가 있지 않을까 우려하는 경우에는 그에 대한 적절한 해명이 필요하며, 경우에 따라서는 나중에 연구의 결과를 응답자에게 보내 주겠다는 약속을 한 경우, 실제로 결과보고서를 보내 주는 것도 잊어서는 안 된다.

3. 실험적 연구방법

1) 실험의 의의

실험이란 연구자가 구상한 가설이나 주장을 실지로 정당화하고 증명하는 과정이다. 그리하여 진리의 아주 작은 부분이라도 캐어내고 단 한 치라도 과학을 진전시키려는 숭고한 작업이요 노력이다. 그러므로 실험을 할 때에는 진지하고 엄숙한 마음가짐과 태도로 임해야 할 것이며, 조금이라도 허위가 섞여서는 안 된다.

뿐만 아니라 과학이란 어디까지나 논리를 기초로 하는 학문이기 때문에 실험의 모든 진행과정 역시 처음부터 끝까지 논리성으로 일관되어야 하며 비약이 있어서는 안 된다. 따라서 정확하고 객관적인 실험을 통해서 다른 연구자들의 양식과 논리적인 사고로서 수긍할 수 있는 보편타당하고 공정한 결과와 자료를 얻어 자기의 가설을 증명하여야 한다. 그래야만 이 실험결과나 자료를 기초로 하여 내려진 결론에 대하여 이론이 있을 수 없게 되고 과학논문으로서 인정을 받게 된다.

또 어떤 연구논문이든지 독창성(originality)을 갖지 못하면 과학논문으로서의 가치가 없는데 실험적 연구에 있어서 이 독창성이 가장 강조되는 부분이 바로 실험재료의 선택과 실험방법의 설정에 있다.

2) 실험재료의 선택

이미 알려진 실험방법을 쓸 때에는 새로운 실험재료나 대상을 선택하여야 독창성을 갖게 된다. 만일 선인들과 같은 재료, 같은 방법으로 실험을 한다면 자기 실험의 독창성은 없어지고 다만 다른 연구자가 실시한 실험결과의 진위만 판명해 주는 추시에 불과하게 된다. 아무리 자기가 독자적으로 착상하여 실시한 실험이라 할지라도 우연히 선인들과 같은 재료와 방법을 채택하였을 경우에는 본의 아니게 독창성을 잃은 추시가 되어버린다. 실험을 하기에 앞서 문헌을 철저히 조사하는 것은 이같은 까닭이다.

재료를 선택함에 있어서는 자기 주관이나 선입견을 가지고 선택하여서는 안 된다. 이를테면 한국인의 정상혈압을 측정하는 실험에서 '한국인은 혈압이 높을 것이다'라는 자기의 주장을 합리화하기 위하여 고혈압 환자만을 대상으로 한다면 그 실험은 공정성과 객관적 타당성을 읽게 된다.

실험재료나 대상을 선택하는 방법은 실험의 성질에 따라 달라지므로 자기가 시도하는 실험을 잘 이해하고 이에 맞는 선택 방법을 강구해야 한다.

일반적으로 많이 쓰이는 방법의 하나로 임의 표본추출법(random sampling)이 있다. 이것은 재료나 대상을 어떤 특별한 생각이나 편견 없이 무작위로 실험에 필요한 수효만큼 공평하게 뽑아내는 방법이다. 때로는 재료에 일련번호를 붙이고 난수표(random number table)를 이용하여 뽑기도 한다. 이 임의표본(random sample)은 균등한 기회를 가지고서 모집단으로부터 추출된 표본이라 할 수 있다.

또 실험에 따라 계통적 표본추출(systemic sampling), 층화표본추출(stratified sampling), 집락표본추출(cluster sampling) 등을 사용할 경우도 있다. 또 약의 효과나 부작용을 검정할 때와 같은 의약학계통의 실험에서는 약을 주는 사람과 약을 먹는 사람의 주관이나 암시(suggestion)를 배제하기 위하여 이중맹검출(double blind technique)을 사용하기도 한다.

실험재료나 대상의 수, 즉 표본의 수(sample size)가 얼마나 되어야 하는가 하는 문제가 있다.

통계학적으로는 표본의 크기가 크면 클수록 모집단을 대표할 수 있는 신뢰도는 높아지고, 또 실험군과 대조군 사이에 근소한 차가 있어도 유의성이 높아지는 경향이 있다. 그러므로 가능한 한 표본의 수를 많이 하는 것이 좋지만 표본의 수를 많이 하는 데는 비용과 시간 그리고 능력의 제약을 받기 때문에 각기 실험실의 작업용량에 알맞게 표본의 수를 조정하여야 한다. 그렇기 위해서는 보통 가설을 검정하기 위한 유의수준 (level of significance)을 정한 다음 표본의 크기를 산출하는 방법을 많이 사용한다.

특히 의학이나 생물학 등 비교 균등한 재료를 많이 확보하기 힘든 생물표본(biological material)을 사용하는 실험에서는 1군 30이하의 소표본을 가지고서도 대단히 귀중한 결과를 얻는 수가 많다. 그래서 이런 실험에서는 표본수를 늘리기 위해 고심하기보다는 한 예라도 정직하고 정확하게 실험하는 일이 더 중요하다. 왜냐하면 그 실험결과가 중요시될 때에는 많은 사람들이 추시를 할 수 있기 때문이다. 이와 반대로 표본수를 몇 배씩 허위로 늘려서 보고하는 것은 자신이 실지로 행한 부분의 실험도 무위가 될 뿐 아니라 다른 연구자에게 방해가 되고 나아가 과학발전에 백해무익한 파렴치 행위라는 것을 명심하여야 한다.

실험재료로 선택되는 표본은 원칙적으로 동일하거나 균등하여야 함은 말할 것도 없다. 재료가 제품일 경우에는 학명 (scientific name), 상품명(commercial name), 규격 및 제원, 그리고 제조회사명 등이 명기된 것을 사용하여야 하며, 생물일 경우 그 종명(species name) 및 주(strain)를 확인하고 사용하여야 객관성이 인정된다. 예를 들면 실험에 방사성 동위원소표식 포도당(glucose)을 사용하였다고 막연히 논문에 서술하는 것보다 'D-glucose-14C, specific activity 40mCi/mM, Radiochemical center, England'라 기재하는 것이 더 정확한 표현이며, 다른 연구자들이 추중하기에 편리하다. 실험동물은 흰쥐를 썼다는 것보다 흰쥐의 학명 'Rattus nor-vegicus albinus'를 쓰고 'CA-1주'라 표시하는 것이 좋다.

일반적으로 제조회사의 원 label이 없거나 원포장이 아닌 시약이나 재료는 신빙성이 희박하므로 실험에 사용하지 않는 것이 현명하다.

3) 실험방법의 설정

다른 연구자들이 이미 사용한 것과 동일한 재료를 가지고 실험을 할 때에는 전자들과 상이한 새로운 방법으로 실험을 하여야 독창성이 강조된다.

특히 연구방법이 독특하거나 실험방법을 새로 창안 또는 개량하였을 때에는 가능한 한 세밀하게 기술하여야 한다. 그러나 이미 누구나 다 아는 공인된 방법으로 실험할 때에는 방법의 명칭이나 관계 문헌만 간단히 약술하여도 충분하다.

실험에 사용하는 기계나 기구 및 장치도 이와 마찬가지로 새롭고 독특한 것은 제원, 특성, 사용법, 제조회사 등을 자세히 설명하고 보편적으로 널리 쓰이는 것에 대해서는 간단히 소개하는 것이 보통이다. 일반적으로 실험에서 정확한 성적을 얻기 위해서는 가능하면 성능이 좋은 최신기기를 사용함이 좋은 것은 말할 것도 없다.

실험방법을 선정함에 있어서는 다섯 가지 기본요건, 즉 정밀도, 감도, 정확도, 특이성 및 감수성 그리고 재현성을 감안하여야 한다. 이들 용어는 사람에 따라 약간 다르게 해석도 되지만 흔히 정밀도란 두 가지 양을 비교할 수 있는 최소한계를 이르는 것이며, 아주 근사한 양을 잘 구별할 수 있어야 정밀도가 높은 것이다. 감도는 측정할 수 있는 최소량을 말하는데 극미량을 측정할 수 있을수록 감도가 높다고 한다. 정확도는 혼합물에서 측정하려는 물질이 얼마나 정확하게 측정되는가를 말하는데. 정확도가 낮은 방법으로 측정물질과 유사한 다른 물질도 함께 측정되는 수가 있다. 어떤 진단법 또는 검사법의 타당성을 측정하는 데는 감수성(sensitivity)과 특이성(specificity)을 고려하여야 한다. 감수성이란 어떤 질환에 이환되었을 때 진단검

사소견이 양성으로 나타나는 율을 뜻하며 특이성은 그 질환에 이환되어 있지 않을 경우 그 진단검사소견이 음성으로 나타나는 율을 의미한다.

재현성은 같은 재료와 같은 방법으로 실험을 할 때 어떤 연구자가 실험을 하든, 또 몇 번을 반복하든 동일한 결과가 나와야 하는 것을 말한다. 그러므로 이 다섯 가지 기본요건이 충족되지 않고 자기 혼자만 알고 혼자만이 할 수 있다는 식의 객관성이 결여된 황당무계한 실험은 과학논문으로 인정되지 않는다.

이러한 사항들을 감안하여 가장 적당한 재료와 적절한 방법으로서 실험모형(experimental model)을 정하고 예비실험을 통하여 그 타당성을 시험하여 본다. 그리하여 실험모형이 좋다고 판단되면 본격적인 실험에 임하게 되지만, 만일 재료와 방법이 좋지 않을 때에는 이를 부분적으로 개선, 조정하거나 때로는 다시 새 모형을 모색하여야 할 때도 있다. 실험모형이 결정되고 본 실험에 임할 때에는 실험에 필요한 모든 재료와 기재를 점검할 수 있도록 점검표(check list)를 만들고, 또 구체적인 실험 일정표를 작성하는 것이 편리하다.

4) 관찰과 기록

실험결과를 관찰하기에 앞서 모든 실험조건, 즉 실험실시 연·월·일·시, 일기, 실온도, 습도, 실험장소 및 실험방법 등 일반적인 사항을 실험일지 또는 연구노트에 그때그때 빠짐없이 구체적으로 적어야 한다. 실험이 특수한 조건을 필요로 할 때에는 그 특수조건을 일일이 기재하여야 함은 물론이다.

기억력이 좋다고 기록을 소홀히 하다가 실험이 복잡해지고 시일이 경과하면 실험조건을 기억하지 못함으로서, 애써 실시한 실험이 무위로 돌아가는 경우가 허다하다. 그렇기 때문에 반드시 실험일지나 연구노트를 준비하고, 작은 메모나 계산도 여기에만 기록하는 습관을 가져야 하며, 부득이 다른 종이쪽지나 메모지를 이용할 경우, 이를 노트에 잘 철해 두어야 한다. 그래서 심지어 실험실에서는 책상 위 청소만은 남에게 맡기지 않고 자신이 직접 정돈하는 것이 상례이며, 휴지통도 일단 실험이 다 끝날 때까지 치우지 않는 것이 좋다. 아주 중요한 기록이 청소로 인하여 더러 분실되는 수도 있기 때문이다.

실험성적의 기록은 원칙적으로 동일한 실험을 세 번쯤 반복해서 같은 결과가 얻어질 때부터 시작한다. 길이, 무게, 시간 등을 측정할 때에도 세 번 정도 반복해서 측정한 다음 그 평균

치를 구하여야 한다. 이것은 숫자 계산에서 검산을 하는 것과 마찬가지로 실험결과를 관찰할 때 조급, 착각 등으로 인하여 잘못 관찰할 수도 있기 때문이다. 또 측정 기기나 측정 장치 자체로 전압을 비롯한 여러 가지 조건과 요인에 의하여 영향을 받는 때가 많기 때문에 항상 일정한 상태를 유지하는가를 확인하고 사용하여야 한다. 그래서 현 화학실험에서는 표준액 또는 표준물질을 준비하고 기계를 이에 맞추어 조정(calibration)한 다음 실험결과를 수집하기 시작한다. 이에 비하여 비교적 재료를 표준화하기 어렵고 개체 차가 많은 의학이나 생물학적 실험을 실시할 때에는 항상 대조실험을 하여야 한다. 즉, 실험군과 대조군을 두고, 대조군에는 실험군에 가하는 조건만 배제한 채 똑같은 조건하에서 실험을 실시한 다음 그 결과를 비교 관찰하는 것을 말한다. 대조실험은 의학이나 생물학뿐 아니라 대부분의 실험적 연구에서 대단히 중요한 의의를 갖는다는 것을 인식하고, 실험계획을 세울 때 반드시 고려하여야 한다. 실험결과를 기록할 때에는 사실대로 정직하게, 빠짐없이 자세히 기록하여야 한다. 실험할 때에는 별로 중요하지 않다고 생각되던 사소한 일도 나중에 기록이 없어 실험을 처음부터 다시 시작하는 경우도 있다. 또 실험의 성패에 관한 선입견을 가지고 편벽되게 관찰하는 것은 금물이다. 왜냐하면 실패하였다고 생각되는 결과도 관점에 따라 때로는 자기가 알지 못하던 아주 중요한 의의를 나타낼 수도 있고, 설사 정말 실패한 실험에서도 페니실린의 발견처럼 뜻밖에 중요한 발견이 이루어질 수도 있기 때문이다.

실험결과를 사진이나 그림으로 표현하고자 할 때에는 미리 사진기나 Camera lucida 등 필요한 기구를 준비하고 관찰에 임하는 것이 좋다. 때로는 신선표본(fresh specimen)이나 영구 보존하기 어려운 재료에서 시기를 놓치는 일이 많기 때문이다. 그리고 모든 실험데이터나 표본 하나하나에 대하여 그것이 무엇인지를 언제나 또 누구나 알아볼 수 있도록 객관성 있게 label을 붙이고 필요한 조건이나 사항을 명확히 기록해 놓아야 한다.

또 한 가지 관찰한 결과를 기록할 때 주의해야 할 것은 단위의 기록이다. 숫자가 잘못 기록되는 경우에는 수배의 오차가 생기지만 단위를 틀리게 잘못 기록하면 최소 10배에서 1,000배 또는 그 이상의 차이가 생겨나기 때문이다. 예를 들면 3mg을 5gm으로 오기하면 약 2,000배의 차가 생긴다.

일단 실험결과를 관찰한 기록은 잘 보관하여야 한다. 실험일지나 연구노트는 물론 종이쪽지에 이르기까지 raw data를 잃어버리는 일이 없도록 하여야 한다. 왜냐하면 관찰기록과 raw data를 실험성적에 대한 가장 원초적인 실험근거가 되기 때문에 논문을 학회나 잡지에 발표할 때, 다른 연구자가 요구하면 언제든지 제시할 수 있어야 한다. 뿐만 아니라 후일 실험실의 훌륭하고 생생한 역사가 되기 때문이다.

5) 데이터의 정리

'구슬이 서 말이라도 꿰어야 보배'라는 옛 속담도 있듯이 아무리 좋은 실험결과를 얻었다 하여도 요령 있고 적절하게 정리가 되지 않으면 가치가 없다. 그러므로 자기의 주장이나 가설을 가장 효과적으로 입증할 수 있도록 실험을 통하여 얻은 raw data를 최선을 다하여 정리하여야 한다. 힘들여 수집한 데이터도 정리를 잘못하면 그동안의 노력이 수포로 돌아가는 일이 많고 논문의 가치가 반감되는 일이 허다하다.

우선 수집한 실험결과를 일목요연하게 나열한다. 그리고 부족한 부분이나 누락된 부분이 있으면 곧 보충실험을 실시하여 결손 된 부분을 보완하여야 한다. 일단 실험결과를 나열한 다음 그 결과를 중요성이나 필요성에 따라 평가하고 과감히 취사선택을 한다. 불필요한 부분실험이나 관찰할 때의 잘못으로 얻어진 고르지 않은 결과는 버려야 하지만 필요하면 다시 찾아볼 수 있도록 따로 보관하는 것이 좋다.

대부분이 고르게 나온 실험결과 중에서 엉뚱하게 고르지 않은 데이터가 있을 때에는 이를 제거하는 것이 좋은데, 이 과정에서 통계학적 검정을 통해서 그 기각여부를 결정하여야 하며 임의로 마구 버려서는 안 된다.

실험성적을 내기 위해서는 계산한 모든 수치를 반드시 검산할 필요가 있다. 계산이 틀린 경우, 아무리 실험을 충실하게 잘하였다 할지라도 엉뚱한 결론을 얻게 되기 일쑤이며 또 실험성적전반의 정확성을 의심받게 되기 때문이다. 그러나 계산을 정확히 한다하고 무의미하게 숫자를 열 자리, 스무 자리까지 나열하는 것은 백해무익하다. 자기가 선택한 실험기기나 방법의 정밀도와 감도 등을 감안하여 유효숫자를 결정하는 것이 좋다.

과학논문에 있어서 실험결과는 논문의 생명이라 할 수 있다. 그러므로 실험결과는 누구나 쉽게 또 빨리 이해할 수 있도록 표(table)나 그림(Figure) 또는 사진으로 요약하는 것이 좋다. 어떤 데이터를 표로 할 것인가 또는 그림으로 표시할 것인가를 숙고하여야 한다. 그리고 비록 논문이 국문으로 작성된 것이라 할지라도 표, 그림 및 사진의 제목과 설명은 영문으로 쓰는 일이 많다. 물론 이것은 논문의 내용을 국내뿐 아니라 외국에도 널리 소개하고자 하는 취지에서다. 다시 바꾸어 말하면 국문을 해득 못하는 외국인이라도 표, 그림 및 사진만으로 그 논문내용을 파악할 수 있도록 이들을 요령 있게 작성하여야 한다는 것이다.

표를 어떤 방법으로 작성할 것인가 또는 그림표는 어떤 것을 사용하여야 할 것인가는 실험결과의 성격에 따라 가장 적절한 것을 선택하여야 한다. 실험을 마치고 실제로 논문을 쓸 때에는 도표나 사진의 작성이 그 최초의 작업이 되는 것이 보통이다.

도표나 사진의 작성이 끝나면 이것들을 질서 있게 배열하여야 한다. 배열하는 순서는 자기가 행한 실험으로 증명하려는 사실이 가장 강조되고 논리적으로 증명될 수 있도록 체계적으로 배열되어야 한다. 도표나 사진이 적절하게 작성되고 또 체계 있게 배열되면 구태여 본문에서 장황하게 반복하여 설명할 필요가 없다. 도표나 사진을 보면 실험결과가 명백해지기 때문에 복잡하게 설명을 중복할 필요가 없는 것이다.

연구를 위한 자료의 수집과 분석은 고도의 전문지식과 오랜 경험, 그리고 숙련이 필요하기 때문에 초보자가 혼자서 감당하기 어렵다. 그러므로 반드시 지도교수와 수시로 상의하고, 또 지도를 받아야 한다. 다른 연구의 경우에서도 마찬가지이겠지만 특히 실험적 연구의 경우에서는 시간적 제약을 받기 때문에 실험에 임하기 전에 지도교수와 충분히 검토하여야 하며 실험

경과 중 또는 실험수 정리과정에서도 지도교수, 선체험자, 공동 연구자의 지도, 의견 그리고 비평을 두려움 없이 받아야 좋은 논문을 작성할 수 있다. 또 실제로 모든 경험 많은 연구자들이 그렇게 하고 있다는 것을 알아야 한다.

4. 사례 연구법

1) 사례 연구법의 의의와 적용범위

Plutarch가 고대 그리스와 로마의 위인전 Parallel Lives를 저술하였을 때, 실제로 그는 어느 의미에서는 "개인기록법"을 창조하고 있었다. 그의 목적은 단순히 위인전 속에 흥미 있는 정보를 제공하는 것이 아니라 그의 독자를 위해서 인간의 중요한 성격의 근원(sources)과 본성(nature)을 알려 주고 제시하는 데 있었다.

과학적 사례 연구법 내지 개인기록법은 본래 개인의 생애와 행실을 혹은 사례를 주의 깊게, 철저하게 다루는 방법이다. 개인에게 이용되는 이 방법을 개인의 집단(가정, 지역사회 혹은 이와 유사한 지역) 혹은 사회의 특수한 단면을 연구할 때 적용해도 개인연구에서 얻는 효과와 같은 효과를 얻을 수 있다.

심리분석의 제창자 Sigmund Freud는 남자와 여자의 내부의식에 관한 그의 논리를 거의 장기간에 걸친 사례 연구법을 통해서 정립하였던 것이다. 이러한 형태의 연구를 진행할 경우에는 주관적인 요인이 충분한 비율로 가미될 수 있겠지만, 그럼에도 불구하고 이러한 형태의 연구방법은 다른 방법으로도 나타날 수 있는 정보는 다루지 않는 경향이 있다.

Frederic Le Play는 프랑스의 저소득층의 경제생활을 연구하는 동안 개인기록법을 이용했었다. 말할 나위 없이 그는 통계조사법이 아무리 완전할지라도 전체의 상황을 완전히 이해할 수 있는 상상(picture)은 결코 주지 못함을 깨닫게 되었다. 양적자료(data)만으로는 반드시 충족한 효과를 보지 못한다. 인간의 연구의 주제를 구성할 때, 개인역사에 대한 체험담과 발전사의 실례를 이용하면 이 실례는 전체의 상황을 완전히 이해할 수 있는 상상(picture)에 현실성을 더해 준다. 양적자료(data)는 대개 기술을 추상적으로 다루는 경향이 있다. 따라서 개인기록도 기술을 인간적으로 다룰 수 있다.

일반적으로 사회연구와 심리연구에서는 실태조사법과 사례연구법이 서로 밀접한 관계가 있기 때문에 이 두 방법이 서로 보완해서 사용되고 있다. 특히 사례 연구법은 실태조사법과 병용될 때 훌륭한 효과가 있는 것으로 나타난다. 동시에 어떤 점에서는 문헌적 연구법(특히 문헌조사법이 기록(역사)연구에 적용될 때)과 유사하기 때문에, 사례 연구법은 또한 historical genetic type of investigation이라 불러왔다.

2) 사례 연구법에 이용되는 자료

연구자는 대개 자세히 연구하고 싶은 개인이나 집단(가정, 기관, 지역사회)을 연구용사례(case)로 간주한다(어떤 조건에서도 이 방법은 동물에게도 적용될 수 있다). 그 다음엔 연구인물의 생활사와 발전사와 관련지어 있는 유용가치가 있는 것은 가능한 모두 수집한다. 이처럼 사소한 사실까지 세심을 기울려 자료를 수집한 후에, 연구자는 장기간에 걸쳐 있는 연구인물의 경험과 사상에 관한 매우 완전하고 연속적인 상상(picture)을 한 곳에 모아서 이러한 인물의 경험과 사상을 이해할 수 있을 것이다. 어느 정도 이것은 문헌적 연구와 흡사하다고 할 수 있다. 사실 사례 연구는 생존하고 있는 인물과 사회집단을 다루는 것 이외에는 문헌적 연구인 것이다.

사례 연구에 수집된 자료(data)는 여러 자료에서 얻어질 수 있다. 이 자료 중에서도 가장 중요한 자료는 개인적 증언(과거의 경험과 감정을 상기시키기 위해서 환자들의 기억력을 조사했던 Freud 의 실험법처럼), 개인문서(서간, 일기, 저널) 그리고 생물학적, 심리학적, 사회학적 측량치이다. 조사된 문서에는 서간, 일기는 물론이고 자서전, 학교와 사회봉사기관이 축적하고 있는 기록물, 의학서, 대화 및 임상면담 사본, 기타 유사한 자료들이 포함될 수 있다. 이러한 자료들은 어느 문서를 조사하든 그 출처와 정확한 의미를 파악할 수 있는 한결같은 방법으로 조사, 분석되어야 한다.

연구자가 사례 연구법에서 본래 목표하는 것은 조사 중에 있는 개인이나 집단에 대해서 자세하게 기술하는 데 있을 뿐만 아니라 개인 및 집단의 현황을 유도하는 근본적인 원인을 캐내는 데 있다. 연구인물의 현황에 영향을 줄 수 있는 모든 자료(data)를 매우 주의 깊게 분석함으로써, 연구인물에 관한 영향(연구인물에 관한 성격도 마찬가지로)에 있어서 그 원인이 항상 발견되지는 않을지라도 이따금 발견될 것이다. 물론 연구인물의 발전과 상황에 관해서 모든 중요한 사실(지식)을 발견하였으면, 연구자는 이러한 지식을 연구인물의 상황을 개선하거나 바람직하지 못한 조건을 바로 잡는 데 이용할 수 있을 것이다. 말하자면, 완벽한 사례 연구의 결과라도 변화되거나 가공될 수 있다는 것이다. 그러나 이 이야기는 연구의 영역 밖에서 가공,

즉 전적으로 다른 문제로 구성되고 있다.

예를 들어, 사회봉사기관에서 사업가는 비행소년에 대한 광범위한 사례 연구를 실시할 수 있다. 이런 연구를 실시할 때 중요한 연구목적은 비행소년의 행동이 바로잡아지지 않고 비행소년의 재능이 자신의 선행과 사회를 위해서 교화될 수 없는 한, 그 실효를 거둘 수 없게 될 것이다. 이러한 이유는 소년의 비행에 관한 성질과 원인을 간절히 파악하려고 하는 일련의 사회환경에 대해서 궁극적이고 실제적인 원인이 될 수 있기 때문이다. 그러나 비행의 치료문제(해결문제)는 연구 자체의 기능으로서는 간주될 수 없다. 개인기록법은 단순히 사실들을 확인하고 이론(추론)을 내세우기 위해서 이러한 사실들을 분석하여 이러한 사실로부터 객관적인 일반원리를 정립한다. 이러한 일반원리를 정신요법이나 사회개혁에 이용하는 것은, 비록 이러한 원리가 연구과정에서 생긴 발견 물에서 직접 정립될 수 있을지라도, 전혀 다른 행위인 것이다. 이미 중요한 조사연구법에서도 이와 똑같은 내용을 살펴보았다.

실태조사법과 사례 연구법의 차이점은 주로 실태조사법이 많은 개별요인(대개 개인을 말함)으로부터 자료(data)나 측정치를 양적인 연구라고 한다면, 사례 연구법은 오히려 가장 대표가 되는 개별요인(사례라고 함)을 한 개 내지 그 이상을 철저하게 조사하는 데 큰 차이가 있다. 따라서 어느 고등학교를 대상으로 한 비행조사를 실시할 경우, 조사대상의 전체수, 조사대상의 종류, 대상자의 육체적, 심리적 특징(연령, 가정배경, 정신연령, 성, 교육수준, 건강상태), 그리고 일정기간에 나타난 비행의 증감이 나타날 것이다. 반면에 사례 연구법은 집단 속에서 뽑은 몇 개의 대표대상자에 대해서 비행의 발달과 일반배경을 세밀하게 조사해서 비행의 원인을 밝혀내는 것이라 할 수 있다. 대부분의 사회사업가들은 그들의 연구목적에 따라서 실태조사법보다는 사례 연구법이 유용하며 실태조사법도 대신하는 경향이 있다고 믿는다. 그러나 연구의 기법으로서 이 두 개의 방법을 함께 사용하면 사례 연구법이든 실태조사법이든 한 방법만을 사용하는 것보다는 훌륭한 효과를 보게 된다.

3) 사례 연구법에 이용되는 기술

연구인물의 개인기록을 조사하는 학자는 자신이 연구하는 인물의 성격이나 동기 어느 것이든 조심스럽게 판단을 삼간다. 즉, 학자는 연구인물의 행동(태)에 관하여 과학적 객관성을 유지한다. 완전한 객관성을 구하기 힘들지라도, 학자는 좋은 것이든 나쁜 것이든 사실이 발견되는 것은 모두 기록해 두려고 한다.

도덕이나 신조에 관한 자신의 개인적 편견과 예견을 연구에 제시하는 학자는 사실을 불완전하게 전망하거나 그 의미를 왜곡하는 것이라고 할 수 있다. 다른 마찬가지로, 사례 연구법에서도 학자의 기능이라고 하는 것은 현실(사실)에 대한 진정한 성질을 구하는 데에 있다. 사례 연구방법에 있어서의 학자의 책무는 사실을 개선하는 것보다 사실을 진단하는 데 있다.

아마 사례 연구법에서 가장 많이 이용되는 방법은 개별면담이다. 이 개별면담이라고 하는 것은 연구대상으로부터 직접 정보(자료)를 이끌어내는 것을 의미한다. 면담이 진행되는 상태는 매우 다양할 수 있으며, 각 조사연구의 환경여하에 좌우될 수 있다. 그러나 통례상 이러한 조건들은 실태조사법에서 실시하는 면담보다 사례 연구법의 면담에서 더욱 비형식적으로 나타나고 있다. 사례 연구법의 면담에서는 자유로운 대화의 유통이 허용되고 있다. 비록 경험이 풍부한 면담자가 객체로서 그리고 가능한 겸손하게 어떻게 자신의 위치를 지켜야 되는지를 알겠지만, 면담자와 피면담자 간의 관계는 면담에 있어서 매우 중요한 조건이 된다. 사례 연구법의 개척자인 Le Play가 사실상 노동자계급의 가정을 중심으로 프랑스의 경제적, 사회적 조건의 연구를 어떻게 진행하였는지 살펴보았다. 오늘날도 마찬가지로, 노동자를 면담하는 사회학자라면 pseudo-hobo로서 잠시

동안 노동자들과 동거를 하는 것이 중요하다. 그렇지 않으면, 업무를 가장하여 화물차를 타고 노동자의 숙소를 찾아가 질문을 할 수 있을 것이고, 혹은 조사자의 사무실보다는 부담을 느끼지 않는 다른 장소를 택해서 질문을 할 수도 있을 것이다. 확실히 말해서 이렇게 비형식적인 조건하에서 정확한 note-taking이란 어려운 문제이다.

Note-taking을 잘하는 것도 사례 연구법에서 하나의 중요한 방법이다. Note는 자료(정보)가 제공될 때(예: 면담이 진행되는 과정) 얻어야 한다. 그렇지 않고 이 일이 불가능하면, 면담이 끝난 바로 후에 기입해야 한다. 되도록이면 피면담자의 말을 부연하거나 요약하는 것보다는 있는 그대로의 말을 기록해야 한다. 매우 비형식적인 면담일지라도, 숙련된 조사가라면 때에 따라서는 주제넘지 않고 피면담자에게 부담을 주지 않는 방법으로 note를 기록할 수 있다. 말할 필요 없이, 모든 note는 가능한 완전하고 정확해야 한다. 그 이유는 조사자는 항상 수집된 모든 자료를 분석한 후에 어떤 자료가 가장 중요한 것이고 유용한지 사전에 정확하게 파악할 수 없어서, 조사하고 있는 주체의 발전과 상황에 영향을 줄 수 있는 어떠한 사실이라고 예견할 수 없기 때문이다.

사례 연구법에서 사전에 준비해둔 질문지나 계획을 이용한다고 해서 반드시 좋은 결과를 가져오는 것은 아니다. 면담과 정에서 보면, 때에 따라서는 자유스런 대화가 금지되고 혹은 둔사와 거짓말이 권유될 때도 있다. 우선 한 예를 든다면, 생활사에 관한 질문은 Yes나 No로 쉽사리 답변을 얻을 수는 없다. 실제로 도움이 될 만한 답변이라면 자세해야 하기 때문에 답변이 길어질 것이다. 끝으로 이미 살펴본 바와 같이, 사례 연구의 중요한 자료는 본래 양적으로 표현이 불가능하다. 즉, 실태조사법에서 실시하는 질문법과 같은 양적방법보다는 문헌조사방법을 통해서 연구에 이용된다.

면담도 필사기록물을 위한 조사가 될 것이고 필사기록물에 관한 철저한 연구가 될 것이다. 면담에서 얻어지는 자료는 가능하면 이러한 방법에 의해서 입증되어야 한다. 그러나 물론 필사기록물은 다른 자료(data)를 제공할 수 있다. 조사자는 연구목적상 어느 자료가 가장 중요한 것인지 항상 문제를 유념하면서 일기, 회계서, 의학서 및 교회, 사회기관의 기록물, 신문기사 등을 조사할 준비가 되어 있어야 한다.

사례 연구용 자료를 기록할 때, 물론 체계적인 접근법을 시도하는 것이 바람직하다. 자료를 기록할 때에는 최소한 다음의 사항이 게재되어야 한다. 즉, 자료를 얻은 일자(특히 면담한 일자), 피면담자의 성명, 면담한 실제의 내용, 면담 및 기타의 질문이 실시되었을 때의 간략한 상황 내용, 조사에 사용한 특수한 방법을 요기(직접개인관찰법, 면담법, 질문지법 등 기타), 자료를 제공한 인물이나 문헌의 입증, 그리고 보충설명 등이 기록되어야 한다. 지금까지의 요점(이것은 경험을 통해서 훌륭하게 익혀질 수 있다)을 살펴보면 이렇다. 즉, 사례 연구법에 이용되는 어떤 방법에 관한 기록이라도 완전해야 하므로 한 번 일단 이루어진 조사자의 연구는 두 번 다시 이루어져야 할 필요성이 없을 것이라는 점이다.

대개 순조롭게 진행된 사례 연구를 보면 장시간이 걸렸음을 알 수 있다. 면담법 한 가지 방법 이외에도, 여러 가지 방법을 사용해서 원하는 자료를 얻을 필요가 있다. 연구 중에 중요한 요인을 찾아내려면 똑같은 문제를 여러 번 시도하는 것이 바람직하다. 사례 연구법은 주체의 발달과정을 하나의 관점에서만 기술하는 것이 아니고 장기간의 관점에서 기술하기 때문에, 기억 혹은 유용한 기록만 가지고 완전한 자료를 갖출 수는 없다. 그래서 사례 연구의 조사자는 인내가 필요하다. 사례 연구라는 것은 철저해야 하고 총괄적이어야 한다. 다시 말해서, 실태조사법처럼 많은 자료에서 필요한 몇 개의 자료만을 선택하는 것과는 달리, 사례 연구가는 숫자상으로 한정된 사례에 관해서 자신 있게 구할 수 있는 자료는 모두 구하는 데 주의를 기울려야 한다.

그러나 어떤 사례가 중요한 것인지 어떻게 선택할 수 있을까? 사례를 선택할 때, 조사자는 잘못하면 가장 흥미롭거나 극적인 사례를 선택하지 못할 수도 있다. 그래서 조사자는 사례를 선택하기에 앞서 절대적으로 객관성을 보이려고 노력함으로써, 정직하게 대표적인 피험자를 조사함으로써 그리고 가능하면 예비적인 통계조사를 실시함으로써 흥미롭거나 극적인 사례를 선택하지 못하는 유혹을 피해야 한다. 그럼에도 불구하고 사례를 선택하거나 자료(data)를 수집하는 데에는 주관성, 개인판단의 요인이 전적으로 결여될 수는 없다. 이 때문에 사례 연구가 전적으로 과학적인 연구가 될 수는 없는 것이다. 시간이 지날수록 새롭고 보다 객관적인 기법(방법)이 개발될 것이다. 사실상 최근에 와서 이 연구방법은 교육 분야와 같이 특수한 분야에 널리 이용되어 큰 효과를 나타냈다. 교육 분야 이외에도 사례 연구법을 이용하게 되면 통계자료를 잘 해석할 수 있다. 개별요인 간의 관계는 단순한 양적분석보다는 철저한 사례 연구를 통해서 명확하게 나타날 수 있다.

5. 질적 연구방법론

최근 들어 양적 연구 중심에서 벗어나 질적연구 또는 혼합연구가 크게 늘고 있다. 특히 사회과학 분야에서 활발히 진행되고 있는데, 양적연구가 가진 한계들을 보완하거나 특정 주제에 대한 보다 세밀한 분석을 할 수 있다는 장점이 있어 연구자들이 많은 주목을 하고 있다. 시중에 다양한 질적연구방법론에 대한 서적들이 나와 있으나 아직 질적연구에 대한 용어나 개념들이 제대로 정립되어 있지 못해 서로 다른 명칭을 사용하기도 한다. 여기서는 Cresswell의 분류 방법과 개념을 소개하고자 한다. 여기에 소개한 내용은 『질적연구방법론: 다섯 가지 접근』 (제3판, 조흥식 외역, 학지사, 2015)을 참고하여 정리한 것이므로 자세한 내용은 이 책을 참조하기 바란다.

(1) 정의: 질적 연구는 세계에 관찰자를 놓는 상황적인 활동이다. 질적 연구는 세계를 보이도록 만드는 해석적이고 물질적 실천 체계로 구성되어 있다. 이러한 실천은 세계를 변화시킨다. 그것들은 세계를 현장노트와 면접, 대화, 사진, 기록물, 자기에 대한 메모 등을 포함하는 일련의 표현들로 바꾸어 놓는다. 이 단계에서 질적 연구는 세계에 대한 해석주의적, 자연주의

적 접근을 포함한다. 이는 질적 연구자들이 사람들의 현상에 부여하는 의미에 따라 현상을 이해하거나 해석하려고 시도하면서 자연 상황에 있는 사물을 연구한다는 것을 의미한다.

(2) 범위: 다섯 가지 접근 방법으로 1. 내러티브 연구, 2. 현상학, 3. 근거이론, 4. 문화기술지, 5. 사례 연구, 독자, 철학 등을 대상으로 연구한다.

(3) 다양한 방법: 질적 연구자들은 대체로 단일한 자료 원천에 의존하기보다는 면접, 관찰, 문서 등 다양한 형태의 자료들을 수집한다. 또한 연구자들은 모든 자료들을 검토하고, 이해하며, 그것들을 모든 자료 원천을 관통하는 범주나 주제들로 조직화한다.

다섯 가지 범위 ① 내러티브 연구, ② 현상학적 연구, ③ 근거이론 연구, ④ 문화기술지, ⑤ 사례 연구 정의와 특징은 다음과 같이 설명할 수 있다.

1) 내러티브 연구

(1) 정의
내러티브 연구(narrative research)는 많은 형식들을 가지고 있으며, 다양한 분석적 실천들을 사용하고 있고, 상이한 사회과학과 인문과학 분야에 뿌리를 두고 있다. 내러티브는 질병의 내러티브와 같이 연구되는 현상일 수도 있고 혹은 이야기된 이야기를 분석하는 절차로서 연구에서 사용되는 방법일 수도 있다. 방법으로서 내러티브는 개인이 살아온 이야기, 이야기된 이야기들에 표현된 경험들을 가지고 시작한다. 저자들은 "살아온 이야기, 이야기된 이야기들을 분석하고 이해하기 위한 방법들을 제공해 왔다는 내러티브는 연대기적으로 연결된 하나의 사건/행동 또는 일련의 사건/행동들에 관한 이야기들을 제공하는 음성 혹은 문자 텍스트로 이해된다"라는 식으로 내러티브를 질적 연구의 구체적인 유형으로 정의하고 있다. 이러한 연구를 수행하기 위한 절차는 한두 사람을 연구하는 데 초점을 두고, 그들의 이야기를 수집함으로써 자료를 모으며, 개별적인 경험들을 보고하고, 이러한 경험들의 의미를 연대기적으로 나열하는 것(혹은 생애주기 단계를 사용하는 것)으로 구성된다.

내러티브 연구가 문학, 역사학, 인류학, 사회학, 사회언어학, 교육학 등에 기원을 두고 있기는 하지만 다양한 연구 분야마다 나름의 접근들을 채택해 왔다.

(2) 내러티브 연구의 특징

① 내러티브 연구자들은 개인(그리고 문서, 집단 대화)으로부터 개인이 살아온 경험, 이야기된 경험에 관한 이야기를 수집한다. 이러한 이야기들은 연구자에게 한 이야기로부터 나올 수도 있고, 연구자와 참여자가 함께 구성한 이야기로부터 나올 수도 있으며, 어떤 메시지나 요점을 전달하기 위한 행위로서 의도된 이야기로부터 나올 수도 있다. 이야기가 연구자와 참여자(들)의 대화 혹은 상호작용을 통해 나온다는 것이 내러티브 연구가 갖고 있는 강력한 협력적 특징이다.

② 내러티브 이야기들은 개인적 경험을 알리고 또한 개인의 정체성과 스스로를 보는 방식을 해명하기도 한다.

③ 내러티브 이야기들은 자료 수집의 가장 기본적인 형태인 면접을 통해서 뿐만 아니라, 관찰, 문서, 사진, 기타 질적 자료원 등과 같은 여러 다양한 형태의 자료를 통해서 수집된다.

④ 내러티브 이야기들은 다양한 방식으로 분석된다. 이야기된 것에 관해 분석이 이루어질 수도 있고(주제 분석), 스토리텔링 특성에 대해 분석할 수도 있고(구조 분석), 혹은 이야기의 대상에 관해서 분석할 수도 있다(대화/행위 분석).

⑤ 내러티브 이야기들은 특정 장소 혹은 상황에서 발생한다. 특정 장소 내에서 이야기에 대한 연구자의 스토리텔링의 경우 맥락이 중요하다.

2) 현상학적 연구

(1) 정의

내러티브 연구가 한 개인 혹은 몇 사람의 경험에 대한 이야기를 보고하는 반면, 현상학적 연구는 하나의 개념이나 현상에 대한 여러 개인들의 체험의 공통적 의미를 기술한다. 현상학자들은 모든 연구 참여자들이 현상을 경험하면서 공통적으로 갖게 된 것을 기술하는 데 초점을 둔다(예를 들어, 애도는 보편적으로 경험되는 것이다). 현상학의 기본적인 목적은 현상에 대한 개인의 경험들을 보편적 본질에 대한 기술로 축소하는 것이다(사물의 바로 그 본성을 포착하는 것으로 축소하는 것). 이러한 목적을 달성하기 위하여, 질적 연구자들은 현상을 확인한다(인간 경험의 대상). 이 인간 경험은 불면증, 남겨지는 것, 분노, 애도, 관상동맥우회술과 같은 현상이 될 수 있다. 이어서 연구자는 현상을 경험한 사람들로부터 자료를 수집하고 모든 개인들에게 나타나는 경험의 본질에 대한 복합적인 기술을 전개하게 된다.

이러한 기술은 그들이 무엇을 경험했는지와 그것을 어떻게 경험했는지로 구성된다.

이러한 절차들을 넘어, 현상학은 강력한 철학적 요소를 가지고 있다. 그것은 독일의 수학자인 Edmund Husserl(1859~1938)과 그의 관점을 확장시킨 Heidegger, Sartre, Merleau-Ponty 등의 저작에 뿌리를 두고 있다.

(2) 특징

① 단일한 개념 혹은 아이디어의 형태(예를 들어, 전문적 성장과 같은 교육적 아이디어, 슬픔과 같은 심리학적 개념, 돌봄 관계와 같은 건강 개념 등)로 표현되고 탐구되는 현상에 대한 강조이다.

② 현상학을 하는데 수반되는 기본적 아이디어에 대한 현상학적 논의─논의는 개인들의 생생한 체험 그리고 체험들이 현상에 대한 주관적인 경험과 다른 사람과 공통되는 객관적인 경험 양자를 갖는 방식 등을 중심으로 진행된다.

③ 일부 현상학에서 연구자는 현상과 관련된 개인적 경험을 논의하면서 연구로부터 자신을 괄호치기한다. 이것은 연구와 경험을 합리적으로 보완하여야 한다는 것이다.

④ 전형적으로 그 현상을 경험한 개인들에 대한 면접을 포함

한 자료 수집 절차-그러나 이것은 보편적인 특징은 아니
며, 어떤 현상학적 연구는 시, 관찰, 문서와 같은 다양한
자료원을 수반한다.

⑤ 현상학은 개인들이 무엇을 경험했는지와 어떻게 경험했
는지를 통합하여 개인들의 경험의 본질을 논의하는 기술
적인 구절로 끝이 난다. 본질은 현상학적 연구의 궁극적
인 측면이다.

3) 근거이론 연구

(1) 정의

내러티브 연구는 참여자가 이야기한 개인적 이야기에 초점
을 두고 현상학적 연구는 많은 개인들의 공통된 경험을 강조하
는 반면에, 근거이론 연구의 목적은 기술 수준을 넘어서는 것
이며 과정 혹은 행동을 위한 통일된 이론적 설명, 즉 이론의
생성 또는 발견이다. 연구 참여자들은 모두 이러한 과정을 경
험해 왔으며 이론 개발은 실천을 설명하는 것을 돕거나 후속
연구를 위한 틀을 제공해 줄 수 있다. 핵심 아이디어는 이론
개발이 규격품에서 나온 것이 아니라 그 과정을 경험해 온 연
구 참여자들로부터 나온 자료에서 창출되었거나 그 자료에 근

거하고 있다는 것이다. 그래서 근거이론은 연구자가 많은 수의 참여자들의 관점에 의해 형성된 과정, 행동, 상호작용에 대한 일반적인 설명(이론)을 창출하는 질적 연구 설계다.

질적 연구 설계는 1967년 두 명의 연구자, Barney Glaser와 Anseim Strauss가 개발하였으며, 이들은 연구에서 사용되는 이론들이 종종 연구 중인 참여자들에게 적절하지 않거나 적합하지 않다고 생각하였다. 그들은 여러 권의 저작들을 통해 자신들의 아이디어를 정교하게 만들었다. 사회학의 선험적인 이론적 지향과는 대조적으로, 근거이론 연구자들은 이론이란 현장(field), 특히 사람들의 행동, 상호작용, 사회적 과정 등으로부터 수집된 자료에 근거해야 한다고 주장하였다. 따라서 근거이론은 개인들로부터 수집된 자료에 근거한 상호 관련된 정보 범주들을 통해 행동, 상호작용, 과정에 대한(그림과 가설로 완성하는) 이론을 창출한다.

(2) 근거이론의 특징

① 연구자의 초점은 시간에 따라 발생하는 명백한 단계 혹은 국면을 갖는 과정 혹은 행동에 있다. 그래서 근거이론 연구에는 연구자가 설명을 시도하는 활동(movement) 혹은 어떤 행동이 있다. 과정은 일반 교육 프로그램 개발일 수도

있고 좋은 연구자가 되도록 교원을 지원하는 과정일 수도
있다.

② 결국 연구자는 이러한 과정 혹은 행동의 이론을 개발하고
자 한다. 이론에 대한 정의는 많지만, 일반적으로 이론은
연구자가 발전시킨 이해 혹은 뭔가에 대한 설명이다. 근거
이론에서는 이러한 설명 혹은 이해는 이론이 어떻게 작동
하는가를 보이기 위해서 배열된 이론적 범주로 도출된다.

③ 자료가 수집되고 분석됨에 따라 연구자는 아이디어를 써
내려가게 되며, 이러한 메모하기가 이론 개발의 일부가
된다. 메모에서 아이디어는 연구자가 바라보는 과정을 표
현하기 위해 그리고 이러한 과정의 흐름을 스케치하기 위
해 시도된다.

④ 자료 수집의 주된 방식은 면접이며, 면접에서 연구자는
연구 참여자로부터 주워 모은 자료를 떠오르는 이론에 대
한 아이디어들과 지속적으로 비교한다.

⑤ 자료 분석은 구조화될 수 있는데, 개방 범주를 발달시키
는 것, 이론의 초점이 되는 하나의 범주를 선택하는 것,
그리고 이론적 모델을 만들기 위해 부가적 범주(축코딩)를
상세히 열거하는 것, 등의 형식을 따른다. 범주들이 교차
하면서 이론이 만들어진다(선택코딩).

4) 문화기술지

(1) 정의

근거이론 연구자는 동일한 과정, 행동, 상호작용을 공유한 많은 사람들을 검토하여 이론을 개발하지만, 연구 참여자들이 같은 장소에 있을 가능성은 낮으며 행동, 신념 그리고 언어의 공유된 패턴을 개발할 정도로 빈번하게 상호작용할 것 같지는 않다. 문화기술지 연구자는 이러한 공유된 패턴을 파악하는데 관심을 가지며, 분석단위는 보통 20명보다 많거나 근거이론연구에 참여하는 사람들 정도의 수준이다. 문화기술지(ethnography)는 전체 문화공유 집단에 초점을 둔다. 때때로 이 문화집단의 규모가 작을 수는 있지만(소수의 교사들이나 소수의 사회복지사들처럼), 대체로 규모가 크기 마련이며 시간이 지남에 따라 상호작용하는 많은 사람들이 참여하게 된다(전체학교의 교사들, 지역사회의 사회복지 관련 집단들처럼). 그래서 문화기술지는 연구자가 문화공유 집단(curture-sharing group)이 갖고 있는 가치, 행동, 신념, 언어의 공유되고 학습된 패턴을 기술하고 해석하는 질적 연구 설계의 한 형태다. 연구의 과정과 결과로서, 문화기술지는 해당연구의 최종적으로 작성된 산물일 뿐만 아니라 문화공유 집단을 연구하는 하나의 방식이다. 과정으로서 문화기술지는 집단에 대한 장기간의 관찰을 수반하게 되는데, 대개 연구자가 그 사람들의 일상생활에 몰입된(immersed) 참여관찰(participant observation)을 통해 집단에 대한 장기간의 관찰을 하게 되며, 집단참여자들을 관찰하거나 면접을 하게 된다. 문화기술지 연구자는 문화공유 집단의 행동, 언어, 상호작용의 의미를 연구한다. 문화기술지는 Boas, Malinowski, Radcliffe-Brown, Mead와 같은 20세기 초 인류학자들이 수행한 비교 문화적 인류학에 기원을 두고 있다. 이 연구자들이 비록 자연과학을 연구의 모델로 삼기는 했지만 현존하는 원시적 문화에 대한 최초의 자료 수집을 통해 전통적인 과학적 접근과 차별화되었다.

(2) 문화기술지의 특징

① 문화기술지는 집단, 문화공유 집단의 문화에 대한 복합적이고 완벽한 기술을 발전시키는 데 관심이 있다. 문화기술지는 한 집단의 부분이나 전체집단을 대상으로 한다.

② 문화기술지에서 연구자는 집단의 정신적 활동의 패턴(또는 의식, 관습적인 사회적 행동 혹은 규칙적인 패턴으로 묘사되는 것)을 찾고자 한다. 정신적 활동은 언어 혹은 물질적 활동을 통해 드러나는 생각과 신념 그리고 연구자가 관찰한 행동을 통해 드러나는 집단 내에서의 행동 방식 등이다.

③ 이론을 사용하고 문화공유 집단의 패턴을 찾는 것은 광범위한 현장연구에 참여하는 것을 수반한다. 현장연구에서는 주로 면접, 관찰, 상징, 인공물 그리고 다양한 자료원으로부터 자료를 수집한다.

④ 자료 분석에서 연구자는 내부자(emic) 관점에서 참여자의 견해에 의존하고 그것을 축어적 인용으로 보고하며, 그런 다음 전반적인 문화적 해석을 전개하기 위해 연구자의 외부자(etic) 관점으로 참여자의 견해들을 걸러 내면서 자료를 통합한다.

5) 사례 연구

(1) 정의

문화기술지의 문화공유 집단이 하나의 사례로 간주될 수는 있지만, 문화기술지의 목적은 구체적인 예로서 사례를 사용하여 이슈나 문제를 탐구하거나 단일한 사례를 심층적으로 이해하려는 것보다는 해당 문화가 어떻게 작동하는지 파악하려는 것이다. 그래서 사례 연구(case study)는 실생활, 현대적 맥락 혹은 세팅에 대한 연구를 포함한다.

Stake(2005)가 사례 연구는 방법론이 아니라 연구해야 할 것

—즉, 경계를 가진 체계(bounded system) 내의 사례, 시간과 공간에 의해 경계를 가진 사례—에 대한 선택이라고 말하기는 했지만, 다른 저자들은 그것을 탐구 전략, 방법론, 포괄적인 연구 전략 등으로 표현하고 있다. 나는 사례 연구를 연구의 산물일 뿐만 아니라 연구의 대상일 수 있는 질적 연구 설계의 한 유형, 하나의 방법론으로 바라보려 한다. 사례 연구는 질적 연구접근의 하나로서, 연구자는 시간 경과에 따라 하나의 경계를 가진 체계(사례) 또는 경계를 가진 여러 체계들(사례들)을 탐색하며, 다양한 정보원(예를 들어, 면접, 시청각 자료, 문서와 보고서 등)들을 포함하여 상세하고 심층적인 자료를 수집하며, 사례 기술(case description)과 사례 주제(case theme)를 보고한다. 사례 연구에서 분석 단위는 복합적 사례(다중 현장연구) 혹은 단일한 사례(현장 내 연구)일 수 있다.

사례 연구접근은 그것이 심리학(프로이트), 의학(질병에 대한 사례분석), 법학(판례), 정치학(사례보고) 등에서 얻고 있는 대중성 때문에 사회과학자들에게 친숙하다. 사례 연구는 많은 학문 분야에 걸쳐서 유구하고 빛나는 역사를 가지고 있다.

(2) 사례 연구의 특징
① 사례 연구는 특별한 사례를 확인하는 것으로 시작된다.

이러한 사례는 개인, 소집단, 조직 혹은 파트너십 같은 구체적인 독립체일 수 있다. 보다 덜 구체적인 수준에서는 지역사회, 관계, 의사결정과정 혹은 특정 프로젝트일 수 있다.

② 사례 연구를 수행하는 목적 또한 중요하다. 질적 사례 연구는 독특한 사례, 기술되거나 상세히 알려질 필요가 있는 사례, 그것 자체로 특별한 관심을 받은 사례를 설명하기 위해 쓰여질 수 있다. 이것을 본질적 사례라고 한다.

③ 좋은 질적 사례 연구의 특징은 사례에 대한 철저하고 상세한 이해를 제시하는 것이다. 이것을 달성하기 위해, 연구자는 면접으로부터 관찰, 문서, 시청각 자료 등 여러 형태의 자료를 수집한다.

④ 자료 분석방법의 선택은 상이하다. 어떤 사례 연구들은 사례 안에 복합적 단위들(예를 들어, 학교, 학군)에 대한 분석을 포함한다. 반면, 다른 연구에서는 전체 사례(예를 들어 학군)를 보고한다. 또한 어떤 사례 연구에서 연구자는 분석과 비교를 위해 복합적 사례를 선택하지만, 다른 사례 연구에서는 단일한 사례만을 분석한다.

제6장

논문작성상의 유의사항

1. 초록(Abstract)

초록은 간단하게 말하면 원문의 내용을 요약 초기한 논문의 개요이다. 인문과학 분야와 사회과학 분야에 있어서는 초록을 크게 중요시하지 않는 경향이 있으며, 때로는 논문의 말미에 부록하는 경우가 많다. 그러나 과학·기술 분야에 있어서는 초록을 대단히 중요시하며, 어느 분야이든 학위청구논문의 경우는 반드시 목차 다음에 초록을 붙이도록 되어 있다.

초록을 작성하는 데 있어서 필자는 이것이 논문 가운데의 유일한 읽혀지는 부분이라는 것을 명심해야 한다. 초록의 목적은 세 가지가 있다. ① 그 논문의 주제와 동일한 주제 분야에 종사하는 연구자들에게 그 논문의 내용이 그들이 그것을 완전한 논문으로 읽어야 할 것인가의 여부를 결정하는 데 도움을 주기 위한 것, ② 그 논문에 대해서 부차적인 관심이 있는 독자들에게 그들을 위해서 전체적인 완전한 논문을 읽을 필요는 없을 만큼 가능한 한 많은 정보를 제공하기 위한 것, ③ 그들을 위해서 저자초록을 즉시로 재생산하게 함으로써 초록지의 작업을 촉진시키기 위한 것이다. 이것은 그 주제 분야의 일반적인 정보 서비스의 증진에 큰 도움이 된다.

1) 초록의 내용

초록은 논문의 내용과 결론에 관해서 간략하고 구체적인 개요를 수록해야 하며, 논문이 수록하고 있는 어떤 새로운 정보에 대해서 언급해야 한다. 초록은 논문의 본문에 수록되지 아니한 정보나 혹은 주장을 수록해서는 아니 되며, 긴요하지 않은 상세한 사항을 수록해서도 안 된다.

초록은 초록 자체만으로서 논문의 내용 개요를 파악할 수 있도록 완비되어야 한다. 새로운 정보는 관찰한 사실, 실험이나 논증의 결론, 논술의 새로운 방법, 새로이 고안된 기계 등에 관한 요점을 포괄해야 한다.

초록이 실험의 결과를 수록하는 경우는, 이 초록에는 역시 사용된 방법에 대한 어떤 표시가 있어야 한다. 새로운 방법에 대한 참조는 그 방법의 기본원칙과 작용의 범위와 결과의 확실성의 정도를 포괄해야 한다.

2) 초록의 표현

초록은 완전히 연결된 문장형식으로 쓰여 져야 하며, 표목의 나열이어서는 안 된다. 독점적(proprietary)인 명사(말)보다도 표준적인 용어가 사용되어야 한다.

독자가 그 주제에 관한 일반적인 지식을 가지고 있다고 제기되어야 하며, 초록은 그의 완전한 논문을 참조하지 않고도 이해될 수 있어야 한다. 초록에는 일반적으로 특수한 참조와 인용이 수록되어서는 안 된다.

초록은 가능한 한 간략해야 하며, 일반적으로 과학·기술 분야에서는 200~250단어를 초과하지 않도록 규정하고 있다. 그러나 인문과학이나 사회과학 분야는 대체로 원 논문의 서술양이 많을 뿐 아니라 주로 이론적인 학문이기 때문에 논리의 전개상 초록의 길이도 불가피하게 길어지게 된다. 따라서 인문·

사회과학 분야의 요약문은 300~500단어 정도로 한정해야 할 것이다.

3) 초록에 쓰이는 언어

국제과학초록회의(ICSA)는 초록의 국제적인 유용성을 촉진 시키기 위해서 그 논문의 원어는 어떤 것이든 관계없이, 초록 은 적어도 가장 널리 사용되는 언어 가운데의 한 언어로 출판 되어야 한다고 권고하고 있다.

2. 인용(인증)

인용이란 논문을 작성하는 데 있어서 자기의 논리를 전개하 는 증거를 제시하기 위해서 기존의 어떤 기록이나 선행 연구 문헌 가운데서 꼭 필요한 부분을 빌어다가 삽입하는 것을 의미 한다. 이것을 흔히 인용문이라고 한다. 그러나 어떤 해설서나 교과서 등에서 어떤 문제를 해명하기 위해서 원용되는 경우는 인용문이라고 하는 것이기 때문에 인증이라고 하는 것이 마땅 할 것이다. 따라서 인용과 인증의 차이점을 말한다면, 인용은 선행의 기록에서 차용하는 것을 말하며, 인증은 역시 선행의 기록에서 차용하여 증거를 삼되 그 근거를 명확하게 밝히는 것을 의미한다.

1) 인증의 종류

연구 note card를 작성할 때에 이미 그러하듯이 인증문은 직접적인 인증과 간접적인 인증방법이 있다.

직접인증은 그 원문을 그대로 차용하는 것을 의미한다. 따라서 직접인증은 주로 ① 법조문이나 법규 또는 포고문을 밝히는 경우, ② 수학이나 과학 등의 공식을 인용하는 경우, ③ 기타에 있어서도 원문 그대로 차용하는 것이 효과적이라고 판단될 경우에 이 방법을 사용하게 된다.

한편, 직접인용이라 할지라도 경우에 따라서는 필요한 부분만을 인용하기 위해서 어느 문장의 첫 머리나 중간이나 뒷부분만을 생략하는 경우가 있다. 이 경우에 주의해야 할 점은, 원문의 뜻이 손상되지 않는 범위에서 생략되어야 하며, 생략된 부분은 반드시 생략부호(…)를 사용해야 한다. 또한 직접인용이라 할지라도 인용하고자 하는 원문의 문장가운데 분명히 생략된 부분이 있거나 대명사를 사용해서 그것만으로는 의미가 통하지 않을 경우는 필요에 따라서 가필할 수도 있다. 그러나 가필한 부분은 반드시 각괄호([ ])를 사용해야 한다. 그리고 직접인용문에는 반드시 그 앞뒤에 따옴표(" ")를 사용해야 하고, 따옴표의 끝에는 각주나 후주와 일치하도록 주 번호를 기입해야 한다.

간접인용은 원문 그대로 옮기지 않고 원문의 내용을 일단 논문 작성자의 문장으로 바꾸어서 인용하는 것을 의미한다. 그러므로 간접인용의 경우에는, 특히 원문의 내용을 왜곡하거나 손상하게 하는 일이 없도록 주의해야 한다. 그리고 간접인용문의 앞뒤에는 반드시 작은따옴표(' ')를 사용해야 하며, 역시 따옴표의 끝에는 각주나 후주에 일치하는 주 번호를 기입해야 한다.

2) 인용문의 길이

인용문은 가급적 짧은 편이 좋다. 그리하여 하나의 인용문은 보통 한 문구나 한 문장으로 이루어진다. 그러나 문학 분야나 기타의 특별한 경우에는 인용문이 길어지는 때도 있다. 그렇다 할지라도 아무리 길어도 반 페이지 정도이며, 한 페이지 이상이 될 수는 없다. 지나치게 긴 인용문은 당면한 문제와의 관계가 불명확해질 가능성이 많고, 문제의 초점을 흐리게 만들 우려성이 있기 때문이다. 그러므로 가장 요령 있는 인용방법은 원문의 구문을 깨뜨리지 않는 범위에서 최소한 꼭 필요한 문구나 문장을 빼어내는 데 있다고 할 수 있다.

인용문을 기재하는 데 있어서는 인쇄된 행수로 3행 이내의 짧은 인용문은 따옴표(" ")로 표시하여 논문 작성자의 문장 속에 기재한다. 따라서 인용문을 별도의 행으로 바꿀 필요가 없다. 그러나 짧은 인용문이라도 그 인용부분을 특히 강조해야 할 경우는, 본문과 분리시켜서 별행으로 표시할 수도 있다.

시나 소설 등의 문학작품이나 기타의 긴 인용문은 본문과 분리해서 별행으로 문단을 잡되, 따옴표는 사용하지 않고 본문보다 작은 활자를 사용해서 인용부분 전체의 앞뒤를 2자씩 들여 쓰게 한다. 그리고 외국의 원전에서 인용할 경우는 그 원문을 우리말로 번역하고 이어서 그 원문도 함께 수록하는 것이 좋다. 그러나 경우에 따라서 원문은 생략해도 무방하다.

3. 각주의 목적과 종류

Peyton Hurt에 의하면, 각주는 ① information의 구체적인 근원을 밝히기 위해서, ② 그 저작에서 취급된 문제에 관한 부가적인 information을 주기 위해서, ③ 지지하거나 방향을 달리하거나 혹은 대립되는 견해에 주시하도록 하기 위해서, 그리고 ④ 그 저작 안에서의 다른 페이지나 문장을 참조하도록 하기 위해서 사용된다고 한다. 다시 말하면 첫째, 전문적이며 학술적인 중요한 사실을 어느 문헌을 참고로 하여 논술했을 때에는 그 참고원을 각주로써 밝혀야 한다. 둘째는 본문의 서술에 있어서 특별한 용어나 어떤 문제에 대하여 본문에서 서술하는 것은 적합지 않고 부가적으로 설명을 요하는 것은 이를 각주에서 밝혀야 한다. 셋째는 대립되거나 상반되는 문제를 논술하는 경우에 본문에서 그중에 어느 하나의 견해만을 논하게 될 때는 그 상반되는 견해와 그 출전을 각주로써 밝혀야 한다. 넷째는 그 논문 안에서의 다른 장이나 page의 논술내용과 부분적으로 중복되거나 상호관계가 있는 것은 각주로써 상호 참조되어야 한다. 그리하여 첫째의 것은 서지적 참조주라고 할 수 있으며, 둘째와 셋째의 것은 해설주라고 할 수 있고, 넷째의 것은 '상호 참조주'라고 한다.

서지적 참조는 앞에서 설명한 바와 같이 연구 card를 근거로 해서 제시하지만 다음의 세 가지 사항에 관해서 유의할 필요가 있다.

첫째, 마치 주를 많이 제시하는 것이 논문의 품격을 높이는 것으로 생각하여 긴요하지 않은 주를 달거나, 주가 논문의 요식으로만 생각해서도 안 된다. 만약 기재사항(특히 저자명, 서명, page 수)에 오기가 있으면 이것은 거짓이 되고 말기 때문이다. 둘째, 어떤 모순이나 오류를 지적하는 이외에 독창적인 아이디어로 받아들이기 위해서 2차적인 문헌을 서지적 참조로 밝히는 것은 바람직하지 못하다. 이것은 필연 그 논문의 품격을 저하시키게 될 것이다. 셋째는 서지적 참조의 기재사항을 정확히 밝혀야 한다.

다음으로 해설주도 본론을 전개하는 데 필요한 요점만을 주해하고 본론에서 논술되는 것이 과히 무리가 없는 한 가급적 주해를 많이 달지 않는 것이 바람직하다.

4. 각주의 번호

각주번호는 일련번호를 아라비아 숫자로 표기하되 참조부분의 어구나 구두점 끝에 어깨글자(superior figures)로 표시하여야 한다.

번호는 장별로 새로운 번호를 붙일 수도 있고 전 논문에 걸쳐 일련번호로 할 수도 있다.

5. 서지적 참조의 기재형식

서지적 참조 항목의 순서와 형식은 각 대학이나 대학 내의 학과마다 다르게 통용되어 왔다. 참고문헌을 기재하는 방법은 본문의 각주에 서지적 참조를 기재하는 방법과 대체로 동일하나 부분적으로 차이가 있다.

그 주요한 차이점은 첫째, 페이지 수의 표시에 있어서 참고문헌의 경우는 책의 전체의 페이지 수를 기재하고, 정기간행물이나 논문집의 경우는 그 논문이 수록된 첫 페이지와 끝 페이지를 기재하며, 각주의 경우는 참조한 특정한 페이지를 기재한다는 점이다.

참고문헌 기재 방법이나 서지작성법이 국가마다 다르기 때문에 국제적인 학술교류에 있어서 여러 가지 문제가 발생하여 이것을 국제적인 문제로 등장하여 이에 대한 국제적 표준화의 필요성을 절실하게 느끼게 되었다. 그리하여 학술교류에 관련된 여러 가지 문제의 표준화에 관한 연구가 ISO(International Organization for Standardizations; 국제표준화기구)에 위임되었다.

이러한 결과에 따라서 서지적 참조의 표준화를 위한 준칙은 1968년 4월에 완성되어 현재 세계 각국에 보급되고 있다. 그러므로 여기에서는 ISO R690에 1996년 전자문헌 혹은 그 일부의 서지

참조 준칙(ISO R690-2)이 첨가되어 Bibliographical Reference의 원칙에 따르기로 한다. 그 개요는 다음과 같다. 단 고전, 법률, 성서들에 관계된 사항은 예외이다.

1) 단행본에 대한 참조

단행본(총서포함)이나 기타 개별적으로 발행되는 출판물에 대한 참조에 있어서의 기재항목과 순서는 다음과 같다.

① 저자명, ② 출판물의 서명, ③ 판차, ④ 권·호수(권이상의 권질로 구성된 경우), ⑤ 출판지, ⑥ 출판사, ⑦ 출판연도, ⑧ 전집 이나 총서의 서명 및 총서번호, ⑨ 참조되는 부분에 대한 특정한 페이지, 혹은 첫 페이지와 끝 페이지.

·단일저자의 경우

金秉喆. 韓國近代飜譯文學史硏究. 서울: 을유문화사, 1975, pp. 75~84.

·2인 또는 3인 저자에 의한 공저서의 경우

金河龜, 嚴永植共著. 世界文化史. 서울: 新羅社, 1959, p. 38.

·4인 이상의 저자에 의한 공저자의 경우

晋倫鉉 等著. 新勞務管理論. 서울: 法文社, 1970, pp. 62~65.

·번역서의 경우

다운즈, 로버트. 世界를 改革한 책들. 金容權譯. 서울: 正音社,
1959, p. 95.

韓非木 編. 中國의 典籍, 沈喁俊 譯. 서울: 韓國圖書館協會, 1971,
p. 132

※ 번역서보다는 원서(전)의 참조가 바람직하다.

2) 저작집 가운데 한 기고논문에 대한 참조

① 필자명, ② 기고논문의 제목, ③ 저작집의 서명(필요에 따
라 편자명이 앞에 온다), ④ 판차표시, ⑤ 출판지, ⑥ 출판자, ⑦
출판연도, ⑧ 전집이나 총서의 서명과 총서의 권·호수, ⑨ 참조
된 부분의 특정한 페이지나 첫 페이지와 끝 페이지.

李基白. 高麗別武班考. 金斗植博士回甲紀念論叢. 서울: 乙酉文化
社, 1968, pp. 3~23

3) 정기간행물이나 연속간행물의 기고논문에 대한 참조

① 필자명, ② 기고논문의 제목, ③ 간행물의 서명, ④ 출판지, ⑤ 권·호수 혹은 발행연월, ⑥ 참고된 부분의 특정한 페이지나 첫 페이지와 끝 페이지

崔昌鎬. John Donne과 Petrar chism. 人文學硏究. 서울: Vol. 1, 1974. 3 pp. 51~74.

李康秀. 死刑存廢에 관한 考察. 法律學報. 제7집 (1961. 10) pp. 26~29.

4) 특수한 문헌에 대한 참조

·학위논문 등 비출판 자료의 경우

韓興壽. 獨立協會에 관한 硏究. 延世大學校 大學院, 1963. p. 17. (未刊行 碩士學位 論文)

洪以燮. 丁若鏞의 政治經濟思想硏究. 延世大學校 大學院, 1966. pp. 32~35. (未刊行 博士學位 論文)

·법률조문의 경우

대한민국, 헌법, 제1조, 2항.

· **古典**의 경우

金萬重. 謝氏南征記. 25~29.

周易. 節卦象辭.

· **聖書**의 경우

Job. 1:3

Isaiah. 12:5

요한복음. 2:7

마태복음. 3:5

· **新聞**의 경우

조선일보. 1975년. 8월. 25일. 3면

동아일보. 1972년. 4월. 15일. 4면

5) 서지적 참조에 쓰이는 용어의 약자

각주의 서지적 참조에 있어서 책을 펴서 마주 보이는 양면 (on the same open double pages)에서 하나의 참조가 반복되는 경우에 한해서 다음과 같은 용어가 사용된다. 그러나 이것은 출판되는 경우에 한함으로 학생들의 원고에는 이러한 용어가 사용되는 경우가 드물며, 항상 서지적 사항이 완전히 기재되는 것이 바람직하다.

ibid.는 ibidem의 약자로서 바로 위에 제시한 저작집을 의미한다. 그러므로 ibid. 다음에 페이지 수만을 기재한다.

id.는 idem의 약자로서 바로 위에 제시한 동일한 저자를 의미한다. 따라서 id. 다음에 서명과 출판사항과 페이지 수를 기재한다. 동양서의 경우는 이에 대신할 간단한 용어가 없다.

loc. cit.는 lococitato의 약자로서 위에서 인용한 저자의 동일한 페이지나 동일한 절 또는 항을 의미한다. 그러므로 loc. cit. 다음에는 기재사항이 없다.

op. cit.는 opocitato의 약자로서 위에서 인용한 동일한 저자 저작을 의미한다. 따라서 ibid와는 달리 위에서 인용한 동일한 저자가 반복되는 경우, 반복되는 중간에 하나 이상의 다른 서지적 참고가 삽입될 때 저자명 다음에 op. cit.를 기재하고 그 다음에 페이지 수를 기재한다.

6. 전자 자료

전자 자료나 데이터베이스, 컴퓨터 프로그램 등은 일반적으로 단행본의 기준을 적용한다.

(Belle de jour 1990)

(Moore 1990)

(Carroll 1994)

(Meeting agenda 1991)

전자문헌이나 데이터베이스, 컴퓨터 프로그램 등은 일반적으로 단행본의 기준을 적용한다. 즉, 저자와 발행연도, 표제, 매체의 유형, 기타 역할을 수행한 인물, 버전(판), 발행사항, 갱신/수정일자, 인용일자, 주기사항, 접근 가능 정보원, 표준번호의 순으로 기술한다.

Belle de jour. 1990. In: Magil's survey of the cinema [database online]. Pasadena. Calif.: Salem Press, ca. 1989-[cited 1990.1.1.]. Accession no 50053. P.2 of 4. DIALOG Information Services, Palo Alto, Calif.

Moore, Rich. 1990. "Compaq computer: COMPAQ joins the fortune 500 faster than any than any company in history". In: Businesswire [database online]. San Francisco: Business Wire, 1986-[updated 1986.4.0; cited 1990.3. 10]. Acccession no. 000782; NO=NO=B2420. 5 screens. DIALOG Information Services, Palo Alto, Calif

Digital Services Project. [Cited 2000.11.1.]
⟨http://www.nla.gov.au/#dsp⟩

7. 참고문헌 양식

참고문헌은 그 논문을 작성하는 데 주요한 영향을 주었거나 참고한 문헌을 열거하는 것이다. 참고문헌은 학술적인 단행본 저작에도 수록되는 것이 관례인데 이러한 저작에서 참고문헌을 제시하는 일반적인 목적과 의의는, 첫째는 참고한 자료원에 대한 사의를 표시하는 의미에서, 둘째는 그 저작의 기초가 된 증거문헌을 제시하는 의미에서, 셋째는 독자에 대한 동계의 관계문헌을 안내하는 의미에서 열거하는 것이다.

그러나 연구논문에서는 독자에 대한 관계문헌을 안내한다는 의미는 고려하지 않아도 무방하며, 다만 참고한 자료원에 대한 사의를 표시하고, 그 논문의 기초가 된 증거문헌을 제시하는 데만 목적을 두어야 할 것이다.

따라서 참고문헌을 열거하는 데 있어서는 그 논문에 주요한 영향을 받지 않고 실제로 참고하지 않은 문헌은 그것이 어느 정도 그 논문과 관련된다 하더라도 열거할 필요가 없는 것이다. 그리고 사전이나 백과사전, 주제별사전, 연감, 지도, 지명사전, 일반 정기간행물, 번역서 등 제2차적인 문헌들은 참고문헌으로 제시하지 않는 것이 관례이다. 이러한 문헌들은 일반화된 지식이 수록되는 것으로 인정되고 있기 때문에 이러한 자료를 참고문헌으로 열거함으로써 그 논문의 품격을 저하시키는 결과가 되는 것이다.

참고문헌을 기재하는 방법은 본문의 각주에 서지적 참조를 기재하는 방법과 대체로 동일하나 부분적으로 차이가 있다.

그 주요한 차이점은 첫째, 페이지 수의 표시에 있어서 참고문헌의 경우는 책의 전체의 페이지 수를 기재하고, 정기간행물이나 논문집의 경우는 그 논문이 수록된 첫 페이지와 끝 페이지를 기재하며, 각주의 경우는 참조한 특정한 페이지를 기재한다는 점이다. 기타의 참고문헌을 기술하는 구체적인 방법은 앞의 제6장의 5항 서지적 참조의 기재형식을 참조하기 바란다.

제7장

논문심사 당시 예절과 주의사항

1. 예절이란?

예절이란 대인관계에서 인간으로서 지켜야 하는 행동규범을 말하는 것이다.

인간은 사회적 존재이므로 서로 간의 관계를 맺고 살아간다. 원만한 인간관계를 유지하기 위해서는 혼자서 노력한다고 되는 일이 아니며, 그 사회의 모든 구성원이 다 같이 공통된 약속과 예절을 지킬 때 가능해진다. 결국 예절은 사람이 사람답게 이 세상을 살아가는 데 꼭 필요한 도리요 질서라는 것을 알 수 있다.

예절은 대인관계에 있어서 바람직한 행동양식이기 때문에 행동의 바탕이 되는 마음씨와 태도를 무시할 수는 없다. 아름다운 마음씨에서 착하고 바른 행동이 나타나기 때문이다.

이와 같이 행동의 밑바탕이 되는 마음씨를 도덕이라고 하며 올바른 도덕적 심성을 갖춘 사람의 행동이 곧 예절이라고 할 수 있다.

그런데 인간은 오랜 생활을 영위해 오는 동안에 행동의 일정한 양식과 격식이 붙게 되어 그 양식과 격식을 갖추어야만 대인관계를 원만하게 할 수 있는 것이다. 공손한 마음씨를 가지고 머리를 숙이는 것만이 최상의 예절은 아니다. 큰절을 할 때 손은 어떻게 모으고 허리는 어떻게 굽히고 하는 식의 격식에 맞게 해야만 비로소 예절이 바르다는 평을 받게 되는 것이다. 그러므로 도덕적으로 올바른 마음씨를 갖는 것이 곧 예절의 전부는 아니며, 때와 장소에 따라 알맞은 행동양식을 별도로 익혀야 한다. 바른 마음과 바른 태도가 합해져야만 올바른 예절이 되는 것이다.

2. 예절의 근본정신

　예절이란 더불어 잘 살아가기 위한 사람들의 약속이며, 그 밑바탕이 되는 것은 '인간에 대한 존중'이라는 정신이다. 이것은 시대와 장소를 가리지 않고 앞으로도 변치 않을 공통된 대원칙이다. 모든 예의범절의 근본정신은 이 존귀한 존재에 대한 깊은 믿음과 사랑이 바탕이 되어 나온 것이며, 그것은 '인격존중'이라는 말로 표현할 수도 있다. 서로의 인격을 존중하는 것이 바로 예절의 근본정신임은 두말할 나위도 없다. 사람은 누구나 세상에 태어나 자기의 삶을 의미 있게 살아보고자 노력하며, 다른 사람으로부터도 하나의 인격체로서 대접받기를 원한다. 내가 남의 인생을 무시하고 나만 홀로 인격을 존중받을 수는 없는 일이다. 내가 대접받기 위해서는 먼저 그만큼 정성을 다해 상대방을 대접해 주어야 하는 것이다. 어떻게 대접할 것인가? 일상생활 속에서 우리가 늘 숨을 쉬듯 자연스럽게 몸에 배어 실천할 수 있는 방법은 바로 서로가 예절을 지키는 일이다. 예절을 지킴으로써, 비로소 내가 남의 인격을 존중해 줄 수 있고 덩달아 내 인격도 존중받을 수 있는 것이다. 예절생활은 인간을 존귀하게 생각하는 근본정신에서 출발하여야 한다.

3. 예절에 임하는 기본자세

생활예절의 실천은 예절의 기초가 되는 바른 행동을 실천하는 바른 몸가짐에서 출발한다. 바른 마음과 바른 몸가짐을 갖춘다면 예절생활의 절반은 체득한 셈이다.

<기본적인 마음가짐>

(1) 다정한 마음으로 대한다. 자신을 낮추고 양보한다는 것은 인간의 미덕이다.

(2) 겸양의 태도로 대한다. 자신을 낮추고 양보한다는 것은 인간의 미덕이다.

(3) 상대방에게 폐를 끼치지 않고 상대방을 편하게 해 준다는 마음가짐으로 생활한다.

(4) 상대방을 곤란하고 부끄러운 지경에 몰아넣지 않는다는 마음가짐으로 생활한다.

(5) 자존심을 잃지 않는다. 예로부터 지나치게 공손함은 예의가 아니다. 자기의 자존심을 버리면서까지 비굴하게 상대방을 무조건 높일 필요는 없다.

4. 논문 제목 구상과 방법

앞에서 제3장 연구주제의 선정에서 과학적이고 효과적인 연구를 수행하기 위한 가장 중요한 첫 단계 작업은 선명하고도 적절한 연구주제를 선정하는 일이다.

(1) 자기 자신의 생각을 지도교수와 협의한다. 관심, 생각, 미래, 사회적 토픽.

(2) 지도교수에게 문의 협의 구체화한다. 관심, 생각, 미래, 사회적 토픽.

(3) 제목 결정.

(4) 자료 수집 복사·메모, KERIS(한국교육학술정보원), 국회도서관(국회전자도서관) 검색, 원문복사 신청.

(5) 목차구성(지도교수와 반드시 협의)을 구체적으로 현실화한다.

(6) 논문서술 작업을 실시한다.

5. 논문의 일반적 목차

1. 서론 2. 이론적 배경 3. 현황과 문제점 4. 개선방안 5. 결론·참고문헌

지도교수가 구두로 지도하는 경우 반드시 그 자리에서 즉시 메모할 것.

6. 논문심사 당시 주의사항(석사3, 박사5)

(1) 순수한 모습으로 점퍼차림, 그러나 향수는 절대 사용하지 말 것.
(2) 교수에 대한 예의범절 철저할 것.
(3) 교수가 묻지 않은 질문은 절대로 하지 말 것(긁어 부스럼).
(4) 교수가 하는 말씀에 그게 아니라도 깎아내리거나 무시하지 말 것.
(5) 최종심사 결재, 도장 날인까지 예의범절 철저할 것.
(6) 승리의 영광을 위하여 축원기도한다.

7. 논문표절이 되는 이유와 논문표절이 안 되게 하려면[1)]

1) 논문표절이 되는 이유

표절(plagiarism, 剽竊)이란 다른 사람의 저적물의 일부 또는 전부를 몰래 인용하여 쓰는 행위라고 할 수 있다.

표절의 한문 의미가 "협박하여 훔치다"의 내용이 되므로, 매우 심각한 행위라고 할 수 있다. 남의 작품내용의 일부나 어구, 학설을 허락 없이 쓰는 행위도 표절에 포함된다. 남의 글이나 작품을 자신의 것이라고 하는 것은 도작(盜作)이라고 하여, 남의 것을 훔치는 것에 해당하여 매우 엄격히 다루어지며, 표절도 이와 유사하게 최근 사회적, 도덕적으로 큰 이슈가 되고 있다.

하늘아래 새로운 것은 없다는 말이 있듯이 전혀 새로운 이론이 나오기 힘드니, 모든 논문은 표절의 시비에서 자유롭지 않다. 지도교수가 다른 사람의 연구에 벽돌 하나 더 올리는 노력

---

1) 이성몽, 『박사학위 가이드 기술사 합격 방법서』, 인포레버컨설팅 인포드림, 2013;「논문표절이 되는 이유와 논문표절이 안 되게 하려면 이렇게」, 2015.06.25 재인용; 남형두, 「표절론: 표절에서 자유로운 정직한 글쓰기」, 현암사, 2015(제1부 총론 제2부 각론 제3부 가이드라인 참고문헌으로, 표절부분은 제2부 각론 1. 전통적 관점의 표절, 2. 현대적 관점의 표절, 제2장 I. 인용의 목적 1. 권위의 원천, 2. 검증편의 제공, 3. 표절회피-면책목적, 4. 부수적 목적-학계선순환, 5. 인용의 폐해와 이에 대한 반론, 6. 인용과 에디톨로지(Editology): 인터넷 시대 정직한 글쓰기에 대한 새로운 도전과 기회를 참고).

이라도 하라고 하여 다른 사람의 논문에 자신의 주장이나 연구 결과를 추가하는 것이 일반적인 논문의 발전 방향이다. 그러므로 논문의 내용 중 기존의 논문내용이 당연히 소개가 되는데 이런 부분에서 논문표절 시비가 시작되는 것이다.

논문표절에 대한 완벽하게 통일된 기준과 법적인 기준이 없는 것도 논문표절이 문제가 되는 이유이며, 예전에는 논문표절이 부도덕하다고 해서 금지하는 기준이 지금보다는 약했기 때문에 예전에 학위를 받은 분들의 논문은 현재기준으로 평가하면 당연히 표절시비에 많은 논문으로 문제가 될 수 있는 현실이다.

표절의 근거와 기준은 2007년 학술진흥재단 주관으로 만든 인문사회과학 분야의 표절 가이드라인과 교과부 훈령 73호, 한국학술단체총연합회 연구윤리지침, 2008년 교육인적자원부에서 제시한 논문표절 가이드라인 등이 있는데 세부 내용은 논문자료실(www.sm010.com)에서 참고하기로 한다.

■ 논문표절의 일반적인 기준
① 여섯 단어 이상 무단 인용은 표절,
② 여섯 단어 이상의 연쇄 표현이 일치하는 경우,
③ 생각의 단위가 되는 명제 또는 데이터가 동일하거나 본질

적으로 유사한 경우,

④ 타인의 창작물을 자신의 것처럼 이용하는 경우,

⑤ 짜깁기와 토막논문도 모두 표절,

⑥ 저작권자의 허락 없이 타인의 저작물을 이용하는 저작권 침해,

⑦ 저작권 보호기간이 지난 저작물을 자신의 것으로 이용하는 공유영역 저작물의 부당 이용,

⑧ 자신이 아닌 타인의 저작물을 인용하면서 인용표시를 하지 않은 짜깁기 등이 표절에 해당 한다.

⑨ 자기표절도 표절에 해당한다. 자신의 예전 자료를 재인용하거나, 같은 연구를 과거 저작물과 새로운 저작물을 구분하지 않은 중복 게재, 학술지 여러 군데 중복 게재(이중 게재)한 경우 모두 자기표절 범위에 속한다. 자기표절은 징계에서 낮은 수준이긴 하나, 같은 연구의 내용을 여러 건의 연구업적으로 부풀리는 중복 게재는 모든 학술지가 금지하고 있으며, 위반 시 처벌받는 부분이기도 하다. 학술지에 게재된 자신의 논문을 박사학위 논문에 보완해서 작성하는 것은 표절로 보지 않는 추세이다.

2) 논문표절이 안 되게 하려면

현재의 표절 기준에서 자유로운 논문을 작성하는 것이 쉽지는 않다. 왜냐하면 다른 사람의 연구를 참고하거나 기초로 하지 않고, 전혀 새롭게 연구 모델을 만들고, 설문문항을 개발하고, 측정항목을 추가한다면 논문 연구방법의 타당성과 신뢰성을 보장받기 어렵기 때문이다.

표절의 시비에 흔들리기 않기 위해서는 선행 연구자의 연구를 추가로 하되, 그 결과물인 논문은 기존의 논문에서 여섯 단어 이상 연쇄 표현이 일치하지 않게 작성해야 한다. 그리고 반드시 출처를 밝히고 본인이 다시 정리하는 방식으로 논문을 써야 한다.

최근 문제가 되는 사항들이 좀 더 엄격해졌는데, 예를 들어 해외 논문을 인용한 국내논문을 인용하면 재인용이 된다. 이러한 재인용은 꼭 해야 할 경우, 해외논문과 재인용자의 논문을 작성해서 재인용했다고 표시한다. 그런데 이렇게 재인용하면 논문심사 위원들이 원문도 확인하지 않고 연구를 제대로 한 것이냐고 질타한다. 그래서 재인용의 경우 해외 연구자의 이름만 인용하려는 경향이 있다. 이런 경우도 표절이 된다. 예를 들어 최근 문제가 되는 유명인과 연예인의 논문사례를 보면 이해가

쉬울 텐데, 특정인의 표절 내용을 본문에서 다루기 힘들기 때문에 생략한다. 결론적으로 빠른 시간 내에 연구를 많이 한 것처럼 하기 위해서는 표절을 하지 않고 논문을 작성하기 힘든 것이 현실이다. 그래도 표절은 절대 하면 안 된다. 나중에 박사학위가 취소될 수도 있다. 본인의 박사학위 취소는 물론이고, 심사위원들에게도 큰 피해를 주게 된다. 표절은 절대 하면 안 된다.

표절이 되지 않게 쓰려면 선행 연구 이론과 그 내용을 모조리 자기머리 속에 넣고 전체적으로 이해를 한 다음 자신만의 생각과 자신만의 독특한 스타일로 참고자료 없이 쭉 써 내려가야 한다. 그런데 참고문헌 없이 독창적인 내용은 근거가 없어 주장이 어려우므로, 1차 작성 후에 관련 참고문헌을 표시해야 한다. 그래야 표절 시비에서 자유로울 수 있다.

표절이 되지 않는 방법으로 논문을 쓰려면 부단한 노력과 상당한 시간이 소요된다. 직장인의 경우 최소 2년은 걸릴 것이다. 학위를 빨리 받고 싶고, 학술지에 빨리 게재하고 싶은 연구자의 마음과 현재 사회의 표절 기준은 상충된다. 이를 좀 더 현명하게 풀 수 있는 방법이 몇 가지 있지만 이것을 모두 공개하기 어렵고, 하루에 끝내는 박사학위 받는 방법 등 별도 외부 강좌가 몇 개 있다. 표절이 아닌 인용, 표절시비에서 좀 더 문제가 없는 방법들이 있기는 하다(이성몽, 2013: 47~50).

부록

1. 작문의 중요성

1) 작문의 일반적 절차

모든 일에는 순서와 절차가 있듯이 글을 쓰는 데도 지켜야
할 일반적 절차가 있다. 특이한 절차로 글을 쓰는 이가 있을
수 있지만 대체로 다음과 같은 절차와 과정을 따라 글이 쓰여
진다.

(1) 쓸거리(subject: 가주제) 선정의 목적과 기대되는 결과 가정
(2) 주제(theme: 진주제)의 작정
(3) 소재와 자료 정리

(4) 제목과 차례결정

(5) 글의 구성-서론, 본론, 결론 및 문체 성립

(6) 문단의 전개

(7) 글다듬기와 붙임(추고, 색인, 문헌, 붙임)

2) 글의 구성

(1) 글의 구성 개념

글의 구성이란 주제와 목적을 가장 효율적으로 표현하기 위하여 필요한 자료를 알맞게 배열하는 것을 말한다.

이러한 미리 짜인 구성 작업이 없이 생각나는 대로 잡히는 대로 재료를 늘어놓아 가지고는 글의 짜임새가 허술하게 된다. 글의 구성작업은 모처럼의 주제와 목적을 잘 살리느냐 못 살리느냐 하는 열쇠라고 해도 지나친 말이 아니다.

(2) 구성의 형태

구성이라 하면 종래 형태상의 구성을 뜻하는 수가 많았다. 형태상의 구성이란 모든 글을 크게 3부분으로 구성된다는 것이다. 이런 견해는 아리스토텔레스 이래 전통적으로 내려오는 구성형태의 원리라 할 수 있는 것이다. 논문들에서는 흔히 서론,

본론, 결론으로 부르고 있으나, 그 근본 의미는 같은 것으로서, 모든 글은 '시작(begining)', '본체(body)' 그리고 '끝맺음(conclusion)'의 3부분으로 구성된다는 것이다.

이 3단 구성법을 더 세분한 것으로 4단 구성법, 5단 구성법 따위가 있다. 4단 구성법의 보기로는 동양의 전통적 구성법인 '기, 승, 전, 결'이 있다. 이 구성법은 발단된 내용이 중간에 이어가다가 절정, 곧 한 고비를 형성하는 특색이 있다. 또 5단 구성법의 보기로서는 많은 문학작품들에서 볼 수 있는 '발단, 전개, 위기, 절정, 대단원'의 구성형태가 있다. 이것은 4단 구성법을 한층 더 세분한 것일 뿐 거의 비슷하다.

(3) 구성의 차례

제재배열의 순서는 주제 또는 목적이라는 최고지배원리(goyerning principle)에 따라 결정되는 것인데 일반적으로 다음과 같은 몇 가지가 있다.

■ 자연적 순서

자연적 순서란 어떤 상태나 사건의 서술에 있어서, 주어진 자연조건 그대로 재료를 배열하는 것이다. 이른바 '시간적 순서(order of time)'와 '공간적 순서(order of space)'라는 것이 그것이다.

시간적 순서란 사건의 자연발생 순서에 따라 자료를 배열하는 것을 말한다.

시간적 순서에 의한 배열은 발생, 진행, 결말, 이런 자연적인 순서가 보통이나, 경우에 따라서는 그와 반대로 배열할 수도 있다.

공간적 순서란 공간성을 가진 사물의 배열 질서를 말한다. 어떤 장소에 펼쳐져 있는 사물이나 상황을 기술하거나 설명할 경우에 일정한 공간적 차례에 따라 다루는 것을 말한다.

■ 논리적 순서

시간적, 공간적 순서 이외에 일정한 목표달성을 위하여 필자가 의식적으로 자료를 배열하는 순서를 통칭한다. 논리적 순서는 크게 다음과 같은 두 가지로 나누어 볼 수 있다.

① '뒷받침 방식(order of support)'이란 글의 주제를 앞부분에 제시하고 그것을 뒷받침하고 떠받들기에 필요한 모든 자료를 차례로 뒤에 배열하는 방식이다. 가령 주제가 설명을 요하는 명제이면, 설명 자료와 예시들을 주제문 뒤에 펼치면 될 것이다. 만일 주제가 실증을 필요로 하는 명제이면 논리적으로 합리화하는 논술이나 분석, 종합, 실증, 예증

들의 증거자료를 그 주제문 뒤에 차례로 배열하면 될 것이다. 그밖에 차례로 배열하면 될 것이다. 그밖에 주제의 성질이나 필자의 목적에 따라 적절한 자료를 주제문 뒤에 충분히 제시하여 서술하면 뒷받침 방식이 되는 것이다.

② '점층식 방식(order of climax)'은 주제를 글의 끝부분에 가서 제시하여 절정을 이루도록 하는 방식이다.

글의 앞부분에서는 주제와 관련된 재료들을 점차적으로 제시하여 가다가, 마지막에 가서 주제를 들어냄으로써 막바지(절정감)를 형성하는 구성법인 것이다. 이때 중요한 것은 주제와 관련이 적은 것부터 관련이 많은 것으로 점차로 들어내 가야 한다는 점이다.

3) 문단의 전개

전체주제를 하위 구분하여 얻은 직접전개 대상을 각각 소주제(topic)라 한다. 소주제는 글 전체주제의 한 부분임과 동시에, 각 구성 성분(하위 항목을 전개한 것)의 핵심사상(controlling idea)이 된다.

이런 소주제를 펼치기 위하여 쓰여진 개별문장들의 집합체를 글의 문단 또는 단락(paragraph)이라 한다. 단락은 한 소주제를 다루는 문장론의 단위체이기도 하다. 글이란 이런 단락이 모여서 이룬 짜임이라고 할 수 있다. 따라서 한편의 글이 잘 되려면 이런 개별단락의 충실한 전개가 매우 중요하며, 또 그 것들은 서로 긴밀하게 연결되어 글 전체의 주제를 효과적으로 들어내야 하는 것이다.

단락이란 글 전체주제(및 목적)의 한 부면인 소주제를 펼치는 글의 구성단위체라 했거니와 이것을 보통단락 또는 주단락이라 한다. 단락 가운데는 이런 주단락과 구조나 기능이 다른 특수단락이라는 것도 있다. 도입단락, 연결단락, 종속단락 따위가 그것이다.

4) 단락의 구조

(1) 소주제와 소주제문(Topic & topic sentence)

단락의 구성에 있어서 소주제는 그 핵심적 구실을 담당한다. 주제가 그 글 전체의 핵심인 것처럼 소주제는 한 단락의 구심점이다.

소주제는 단락의 생명이라 해도 지나친 말이 아니며, 단락의 나머지 문장들은 그 소주제에 살을 붙이고 발전시키기 위해서 존재할 뿐이다.

단락의 소주제는 첫째, 글 전체의 주제를 체계적으로 분석하여서 도달한 하위개념이어야 하는 것이다.

둘째로, 소주제는 되도록 단일한 개념이라야 한다. 소주제는 단일하고 한정된 개념일수록 이상적이다. 그래야만 초점이 선명한 단락구성이 손쉽기 때문이다.

소주제가 많은 단락에서 한 문장형식으로 표면화된다. 이것을 소주제문(topic sentence)이라 한다. 대개 소주제를 논술부로 하여 이루어진 명제형식을 취한다. 가령 '송강 정철'에 관한 글에서 그분의 '시적 재능'을 다루는 단락이 있다면 소주제문은 "정철은 시적 재능을 가졌다" 이런 문장형식이 될 것이다.

소주제를 이와 같이 소주제문으로 표현하면 더욱 뚜렷해지고 글쓰는 이가 글을 쓰는 데나 읽는 이가 글을 이해하는 데에 편리할 것이다.

소주제는 간결하고 명확한 것일수록 이상적이라 했거니와, 그것을 문장형식으로 나타낸 소주제문도 복합문보다 단순문으로 써서 명확한 표현이 되도록 하는 것이 바람직한 것이다. 뜻이 모호하고 복잡한 소주제문은 단락 전체의 목표와 구실을 흐리게 만들고 구심력을 약화시킨다.

요컨대 소주제문은 문제의 핵심만을 제시하도록 하고 상세한 내용 전개는 뒷받침 문장으로 미루도록 할 것이다.

(2) 뒷받침 문장(Supporting sentence)

단락의 소주제문을 충분히 서술하는 데 사용된 모든 문장들을 뒷받침 문장(supporting sentence)이라 한다. 단락을 이루는 핵심적 요소인 소주제(문)을 효과적으로 들어내기 위해서 필요에 따라 설명, 증명, 대조, 비교와 같은 여러 전개방식을 도입하는 문장들인 것이다. 이런 문장들이 없이 소주제만 내걸어 놓는다면 그 글은 줄기만 있고 가지와 잎이 없는 나무와 같을 것이다. 필요 적절한 뒷받침 문장들이 있어야만 소주제는 비로소 형체를 지니고 생기를 얻게 된다. 이런 뜻에서 뒷받침 문장들은 소주제라는 생명체를 받드는 몸통이요, 필요한 지체성분이라 할 수 있다.

뒷받침 문장은 첫째, 소주제(문)를 필요한 방향으로 발전시킬 수 있는 문장들이어야 한다. 소주제(문)와 관계없는 문장은 아무리 훌륭한 내용이라도 선택되어서는 안 된다.

둘째, 뒷받침 문장은 자연스럽게 또 합리적으로 펼쳐져야 한다.

셋째, 뒷받침 문장은 필요하고도 충분한 분량이어야 한다. 소주제(문)를 서술하는 데 필요한 문장들을 충분히 또 다각도로 찾아 써야 한다. 중요한 소주제(문)를 내걸어 놓고 충분한 논의나 서술이 없이 슬쩍 넘어간다면 그 단락은 깊이가 없다.

내용 전개를 가능한 한 구체적으로 하는 것이 글의 깊이와 무게를 더한다고 할 수 있으나, 적절한 선에서 그치는 지혜가 또한 필요하다.

(3) 소주제문과 뒷받침 문장의 배치 차례

한 단락 안에 있어서 소주제문과 뒷받침 문장의 위치적 관계는 대략 다음의 다섯 가지로 나누어 볼 수 있다.

① 소주제문+뒷받침 문장(두괄식): 소주제문을 단락의 앞부분에 제시하고 그 뒷부분에서 그것을 서술 전개하는 방식이다.

② 뒷받침 문장+소주제문(미괄식): 단락의 마지막 부분에 소주제문을 제시할 것을 전체로 하고, 앞 부문에 관련 문장들을 늘어놓는 방식이다.

③ 소주제문+뒷받침 문장+소주제문(쌍괄식): 앞 부문에 소주제문을 제시, 전개하고, 끝 부문에 가서 다시 한 번 그것을 다짐하는 것이다.

④ 뒷받침 문장+뒷받침 문장(중괄식): 앞 부문에서 약간의 유도과정을 거쳐 중간 부분에서 소주제문을 제시하고, 다시 뒷부분에서 보충하여 뒷받침하는 형식이다.

⑤ 뒷받침 문장뿐인 경우(무괄식): 표면상 보기에 소주제문이

없고, 뒷받침 문장들만 나열되어 있는 경우이다. 소주제가 내재화된 단락을 말하는 것이다. 일반으로 객관적 기서문이나 서사문에 그런 예가 많다.

(4) 단락의 외형적 표시

단락이 내용면에 있어 뚜렷한 중심과제 곧 소주제를 다룬 단위라면, 거기에는 외형적 한계의 표시가 주어짐이 마땅하다.

단락의 한계표시는 일반적으로 들여쓰기(indention)로 시작한다. 그리하여 단락의 외형적 표시는 문체나 글의 가락(tone) 문제 이전의 문장론의 기본 요건이라는 것을 알아야 한다.

(5) 단락의 전개 원리

단락의 펼침에는 다음 세 가지 원리가 기본이 된다. ① 통일성(unity), ② 연결성(coherence), ③ 강조성(emphasis).

이것들은 종래의 수사학의 원리라는 것으로, 단락뿐만이 아니라 글 전체의 전개에도 적용되는 것이다.

통일성이란, 주제 또는 소주제를 펼쳐가는 데에 내용적인 충실성과 일관성을 기해야 한다는 것을 말한다. 다시 말해서 가장 알맞고도 필요한 자료만을 골라서 내용을 펼쳐놓아야 한다는 것이다.

연결성의 원리란, 선택된 자료를 효과적으로 배치하는 원칙을 말한다. 통일성의 원리가 알맞은 자료의 선택이라면 이 연결성의 원리는 그것을 적재적소에 배치하여 나가는 원칙을 말한다.

강조성의 원리란, 글을 펼쳐가는 과정에서 주요하다고 생각하는 부분은 특별히 강조하여 독자의 관심을 집중시켜야 한다는 원칙이다. 이 효과를 내는 데에는 ① 위치에 의한 강조법, ② 분량에 의한 강조법, ③ 표현기교에 의한 강조법들이 있다.

(6) 단락전개의 방법

앞에서 우리는 단락의 구성요소들과 그 전개의 원리를 고찰했다. 이제 이런 주요한 개념과 원리를 바탕으로 해서 단락을 실지로 써가는 구체적 방법 또는 절차에 관해서 종류를 들고, 설명을 한다.

■ **설명법**(exposition): 설명법은 말 그대로 소주제에 관한 설명을 함으로써 단락을 펼치는 방식이다. 사물의 작용, 방식, 과정, 이유, 의미, 가치 이런 모든 면에 걸쳐 독자에게 설명하는 것을 위주로 하는 방식이다.

① 정의법(definition): 정의법은 소주제나 그와 관련된 주요한

낱말이나, 어귀를 정의함으로써 단락을 펼쳐가는 방식을 말한다. 가령 소주제문이 "사람은 자아실현의 욕구를 지닌다"라고 했을 경우에, 우선 '자아실현'에 대한 정의를 내림으로써 다음과 같이 단락을 구성해 나갈 수 있을 것이다.

정의는 흔히 정식정의(formal definition)와 비정식 정의로 나눈다. 정식정의는 '범주(category)'와 '구별(difference)'이라는 두 가지 요소를 다 갖춘 정의 형식이다. 곧 정식정의는 정의하려는 사물이 우선 어느 범주에 속하는지를 지적하고, 다시 그 소속 범주에 내포된 다른 것과 구별되는 특징을 지적하는 것이다.

② 예시법(illustration): 예시법은 소주제나 그 관계 어구를 설명해 가는 데 있어서, 구체적인 보기들을 들어서 독자의 납득을 쉽고 인상적이게 하는 방식이다. 예시법은 대개 단독으로 쓰이는 일은 드물고, 정의법이나 다른 설명법을 써서, 문제점을 풀이하고 난 다음에 곁들여서 쓰이는 것이 보통이다.

③ 비교법 및 대조법(comparison & contrast): 비교법과 대조법은 소주제나 그것과 관련된 주요 사항을 설명함에 있어서 다른 것과 비교 또는 대조를 함으로써 한층 뚜렷한 표현

을 하는데 쓰는 방식이다. 그런데 비교법과 대조법은 관련은 있으나 서로 다르다. 흔히 같은 방식으로 이해하는 이가 있으나, 사실상 정반대의 성격을 드러내는 것임을 유의해야 한다.

비교법이란 일반적으로 두 가지 사이에 비슷한 점을 들어 둘이 어떻게 비슷한가를 보이는 수법이다.

④ 분석법과 분류법(analysis and classification): 분석법(또는 구분법)은 하나의 사물, 제도, 또는 개념을 그 구성 요소로 나누어 보는 방식이다. 가령 자동차, 교육기관 또는 학문이라는 말은 그 기본적인 여러 구성 요소나 특질들로 분석해서 고찰하는 따위이다.

분류법이라는 것은 주어진 여러 사물, 기관 또는 개념 들을 관계있는 것끼리 한데 모아서 종합 정리하는 방식이다.

■ 논술법(argumentation): 소주제문이나 그 관련된 명제에 관하여 논리적으로 입증하거나 합리화하는 서술 방식이다. 이 방식은 일반적인 설명법보다 더 합리적으로 독자를 이해 설득시키고자 할 때 쓰인다. 그러므로 이 논술법은 좀 더 엄격하고 조리 있는 설명법이다.

논술법은 크게 연역법(deduction)과 귀납법(induction)으로 나

닌다. 연역법은 일반적 사실을 근거로 해서 특수한 사실을 논증하는 방식이다. 이른바 삼단논법이 그 대표적인 보기이다. 귀납법은 연역법과는 반대로 특수한 사실을 바탕으로 일반화된 결론을 유도해 내는 방식이다. 이 두 가지는 모든 논리적 추리에 있어서 기본적인 방법이라 할 수 있다.

귀납법에 속하는 추리방법으로 유추(analogy)라는 것이 있다. 유추란 두 개의 사항이 몇 가지 점에서 비슷한 분류에 속할 경우, 우선 한 쪽에서 발견된 사실을 가지고 다른 쪽에도 그와 같은 것이 있을 것이라고 미루어 생각함이다.

① 연역법(deduction)에 의한 단락전개: 연역법에 의한 단락전개법은 일반적으로 인정될 만한 명제를 바탕으로 특정한 개별 명제를 합리적으로 추론하는 방식이다. 이때 소주제문은 그 일반 명제가 아니라 그것을 바탕으로 글쓴이가 추론한 개별 명제는 곧 결론이 된다.

② 귀납법(induction)에 의한 단락전개: 이 방법은 개별적 특수사항에 관한 명제를 바탕으로, 일반성 있는 명제를 유도하는 방식이다. 이때 소주제문은 물론 그 유도해 낸 결론에 해당한 명제가 될 것이다.

③ 유추법(analogy)에 의한 단락전개: 유추법은 소주제나 그와 관련된 사항을 전개하는데 있어서 그것과 비슷한 관계

에 있는 사항을 근거로 추리하는 방식이다.

■ **기술법**(description): 기술법이란 사물을 있는 그대로 적어 나타내는 것을 말한다. 설명법이 독자에게 이해가 되도록, 글쓰는 이가 의도적으로 문제를 풀고 해석해 주는 수법이라면, 기술법은 그러한 해설 대신 구체적인 사실이나 실물을 직접 나타내 보이는 수법이라 할 수 있다.

기술법은 우선 객관적 기술법과 주관적 기술법으로 나눈다. 앞의 것은 글쓰는 이의 주관적 해석이나 표면적 설명을 배제하고, 사물을 있는 그대로 분석하거나 묘사하는 방식이다. 뒤에 것은 글쓰는 이의 주관적 의도가 군데군데 표면화되는 방식이어서 그것을 설명적 기술법(expository description)이라고도 하는데 이것이 또 일반적 설명법과 다른 점은 개념적 설명은 최소에 그치고 기술법의 주된 뒷받침 구실을 한다는 점에 있다. 대개 주관적 기술법에서는 소주제문정도가 개념적 설명이고 그 뒷받침 문장들은 거의 기술법 형태를 취한다.

① 객관적 기술법(objective description): 객관적 기술법은 필자의 주관이 표면화되지 않고, 사물을 있는 그대로 나타내는 것이다. 그러므로 자연히 개념적인 글이 아니고 감관에 호소하는 표현이 된다. 감관에 호소하는 글은 또한 구

체적이고 세부적인 표현이 되는 특색을 지니기 마련이다.
객관적 기술법은 전문적 기술법(technical description)과 암
시적 기술법(suggestive description) 또는 묘사법으로 나뉜다.
앞에 것은 자연과학에 관한 글이나 어떤 물품의 품질에
대하여 또는 기술에 관한 것에 대한 설명에 쓰이는 것으
로서, 흔히 쓰는 묘사법으로서, 무미건조한 글이긴 하나
정확한 기록이 된다. 뒤에 것은 문학예술 등에서 흔히 쓰
는 묘사법으로서 자연주의나 사실주의에서 강조한 수법
이다.

- 전문적 기술법(technical description): 전문적 기술법은
  사물에 관한 지식과 정보(information)를 정확하고 구
  체적으로 기록하는 데 중점을 둔 수법이다.
- 묘사법(suggestive description) 또는 암시적 기술법: 묘사
  법은 사물을 객관적으로 기술한다는 점에서는 전문적
  기술법과 같으나, 지식이나 정보보다는 느낌(감흥, 정
  서)을 불러일으키기 위한 기술이라는 점이 그 특색이
  다. 그래서 이 수법을 예술적 기술법이라 하기도 하는
  것이다.

② 주관적 기술법(subjective description): 주관적 기술법은 위에
서 말한 객관적 기술법에 약간의 설명법이 보태어진 수법

이라 함은 앞서 이미 지적했다.

■ 서사법(narration): 서사법은 사건을 서술하는 법이다. 기술법이 사물의 정지 상태에 있는 상황을 표현한 것이라면, 서사법은 한 상황에서 다른 상황으로 움직이는 과정을 서술한 것이다. 그리고 설명법은 상황이나 사건의 과정에 관해서 해석하고 평가하는 것인데 반해서, 서사법은 그 사건 자체 또는 그 움직임의 과정을 그대로 들어 내보일 뿐이다. 곧 서사법은 사건의 추이과정을 그대로 기술하는 것이라 할 수 있다.

일반적으로 서사법에는 다음의 세 가지 요소가 필요하다. 곧 행동, 시간 및 동기이다. 이른바 사건의 3요소라고 하는 것이 그것이나 '행동'은 서사법의 가장 기본적인 요소이다.

(7) 특수단락

앞에서 살펴본 단락들은 일반단락(또는 주요단락)이었었다. 일반적으로 단락이라 하면 그런 단락을 뜻한다. 이에 대해서 특수단락이란 그밖의 모든 특정형식과 목적을 가진 단락을 뜻한다.

특수단락은 도입단락(introductory paragraph), 종결단락(transitional paragraph), 종속단락(subordinate paragraph)으로 나눌 수 있다.

■ 도입단락

도입단락은 글의 첫 시작을 다루는 부분이다. 글의 출발점이요 입문 구실을 하는 단락이다. 따라서 도입단락은 뒤따르는 다른 단락들이 다룰 문제점과 내용의 윤곽 등을 소개하는 데 그치고 구체적인 내용은 펼쳐놓지 않는다.

도입단락은 대체로 다음과 같은 항목 가운데 한두 가지를 간단히 소개하도록 하는 것이 보통이다.

① 그 글이 무엇에 관한 것인가를 소개한다.

② 글의 목적이 무엇인지 간추려서 말한다.

③ 글이 어떻게 구성되고 펼쳐지는가 그 윤곽을 소개한다.

④ 한 장이나 절을 시작하는 도입단계인 경우는 다른 장이나 절과의 관련을 말한다.

⑤ 글쓰는 이가 주어진 문제에 대하여 어떤 관심이나 태도를 가지고 글을 쓰겠다는 것을 밝힌다.

이상과 같은 도입단계의 구실을 머리에 두고, 어떤 종류의 문장형식을 취해서 표현해도 된다. 보기를 들면, 문제점들을 열거해도 좋고, 질문형식으로 문제점을 던져도 좋고, 기발한 명제나 인용구를 끌어다가 시작해도 좋다. 또는 전체 글에서 다룰 개요(outline)를 제시할 수도 있다.

■ 종결단락

종결단락은 글 전체를 끝맺는 데 쓰이는 단락이다. 따라서 이 단락은 일반단락과 같은 전개나 뒷받침은 필요 없고, 다만 끝맺는 말을 들어두는 정도로 그친다. 종결단락은 대개 다음에 열거한 사항 중 한둘을 서술한다.

① 결론을 맺는다.

② 본 단락에서 논술한 내용 전체를 간단히 요약 되풀이하되 그 순서는 본문에서 논술된 차례에 따른다.

③ 독자에게 무엇인가 더 생각할 수 있는 점을 지적한다.

④ 논의 된 문제와 관련된 딴 문제를 제기하거나 전망한다.

⑤ 논증한 내용에 대하여 자신의 태도를 밝힌다. 그러나 너무 겸손할 필요도 없고 과장하거나 오만해서도 안 된다.

■ 연결 또는 전환단락

연결 또는 전환단락은 글의 연결 및 자연스러운 전환을 위하여 쓰이는 단락이다.

여기서 말하는 연결법이란 글 전체를 한두 부분으로 나누었을 때 그 사이를 잇는 것을 말한다. 이런 연결법은 짧은 글에서는 필요가 없고, 상당히 긴 글에서 가끔 쓰이는데 다소 긴 글 전체의 중간쯤에서 연결 또는 전환을 위하여 한 단락을 끼워 넣는 경우이다.

연결 또는 전환단락은 대개 다음과 같은 내용을 표시한다.

① 앞에서 말한 것을 되돌아본다.

② 여기서부터 앞으로 어떤 것이 문제이며, 어느 방향으로 나갈 것인지를 지적한다.

■ 종속단락

종속단락이란 주단락에 부속되는 단락을 말한다. 주단락에서 제시된 문제를 좀 더 충분히 논의하고 강조하기 위해서 딴 단락을 잡아 펼치려 할 경우에 쓰이는 단락인 것이다.

■ 다듬어 쓰기(추고)

글다듬기는 일정한 원칙이 있는 것은 아니지만 대체로 다음과 같은 요령으로 하는 것이 좋다.

① 글 전체의 검토

㉮ 주제, 목적의 설정은 타당했는가?

㉯ 설정한 주제와 목적을 선명히 나타내도록 글이 짜이고 표현되었는가?

㉰ 글의 전체적인 짜임새와 길이는 적절한가?

이리하여 되도록 간결하고 초점 있는 글이 되도록 다듬어야 한다.

② 각 단락별 검토

  ㉮ 단락의 소주제는 충분히 발전되고 뒷받침되어 있는
    가?

  ㉯ 각 단락은 서로 잘 연결되어 글 전체의 짜임새가 빈
    틈없이 되어 있는가?

③ 각 문장별 검토

  ㉮ 각 문장의 구성은 문법적이고 간결한가?

  ㉯ 문장을 구성하고 있는 어휘들은 적절한가?

  ㉰ 구두점이나 띄어쓰기, 맞춤법이 적절한가?

④ 객관적으로 전체를 보는 눈으로의 검토

⑤ 독자에게 봉사하는 겸허한 자세

  참고문헌, 부록 및 색인(필요한 경우)들을 붙이는 친절과
  봉사를 잊지 말아야 한다.

2. 정서법

1) 원 칙

(1) 글은 표준말로 쓴다.
(2) 낱말은 일정한 한 가지 모양으로 쓴다.
(3) 낱말은 띄어쓰기 조사(토씨)는 붙여 쓴다.
(4) 그밖의 맞춤법은 〈한글 맞춤법 통일안〉에 따른다.

2) 규 정

(1) 한 낱말 안에 일정한 규칙 밑에 쓰이는 부분이 있는 것은
    그 부분을 항상 일정한 모양으로 쓴다.
(2) 어간(語幹), 어미(語尾)가 불규칙한 것은 각각 불규칙한 대
    로 쓰고, 표준말로서 어간 어미로 된 낱말들 가운데 그
    결합되는 소리가 특수한 규칙으로 되는 것은 그 소리 대
    로 적는다.
    - 보기: 노시오, 그으니, 까만, 흘러…
(3) 어미 아닌 덧붙는 소리(접미사)를 가진 말들은 규칙성 있
    게 된 것은 일정한 모양으로 쓰고, 그렇지 않은 것은 소리

대로 적는다.

　－ 보기: 낚시, 덮개, 마중, 노랗다, 깨끗이, 일일이, 슬며
시…

(4) 두 개의 뜻이 겹쳐서 한 복합어로 된 것은, ① 소리 기본
모양대로 되는 것은 본 모양으로 겹쳐 쓰고, ② 소리가
줄어진 것은 줄어진 대로 쓰고, ③ 사이에 덧소리가 나는
것은 덧소리를 표시하되, 표시 없이 알만한 것은 표시 없
이 쓴다.

　－ 보기: 젖어미, 다달이, 볍씨, 암범, 손등, 강가…

(5) 소리가 줄어서 된 말은 줄어진 대로 쓰되, 본디말의 모양
에 가깝도록 한다.

　－ 보기: 가아 → 가, 뜨이다 → 띄다, 어제저녁 → 엊저녁,
거기 → 게…

3) 인명, 지명, 숫자 적는 법(문교부 한글전용 연구위원회, 1969. 5. 결정)

(1) 지명도 가능한 한 한글로 쓴다.
(2) 숫자는 아라비아 숫자로 쓴다. 다만 틀림없이 적고자 할
때는 한글로 적는다.

4) 구두점(Punctuation)을 쓰는 법

(1) 쉼표(comma)

① 내용이나 문법적 기능으로 보아 대등한 위치에 있는 낱말이나 어절이나 구절을 벌려갈 때, 좀 더 구체적으로 말하면 여러 항목을 나열할 때 각 항목 다음에 이 쉼표를 찍으며 마지막 항목 앞에 있는 '및', '또는' 인구어(印歐語)에서는 'and' 또는 'or' 앞에 찍는다.

② 글 첫머리에 있는 부사어구 다음에 찍을 수 있다.

③ 둘 또는 그 이상의 형용사 어귀가 수식되는 체언 앞에 있게 될 경우 그 형용사와 피수식어 사이에 쉼표를 찍는다.

④ 글월의 한 부분을 줄일 경우 줄여지는 자리에는 흔히 쉼표를 찍는다.

⑤ 긴 주부(主部)와 술부(述部)를 구별하기 위하여 쉼표를 쓸 수도 있다.

(2) 쌍반점(semi-colon)

① 관계가 깊은 두 글월을 대조시켜 연결해 갈 경우에 이 쌍반점을 찍는다. 또 문맥상 혼동의 염려가 없어 생략 부분에 쉼표를 찍지 않을 때는 쌍반점으로 바꾸거나 한다.

② 관계가 깊은 두 글월은 연결시켜주는 부사 '하여간', '참으로', '그런데' then, thus, hence, yet, so…를 쓸 때 그 앞에 쌍반점을 찍는다.

③ 이어지는 두 개의 글월의 길이가 길며 그 글월 안에 쉼표가 쓰여진 경우 두 글월 사이에 이음말(접속사)이 있을지라도 쌍반점을 찍는다.

④ 긴 항목들 사이의 구분을 명확히 하기 위하여 쓰인다.

⑤ 참조 페이지나 또는 참조항목 위 번호를 여러 개 벌려갈 경우 각 항목 안에 다른 구두점이 있으면 항목들을 구별하기 위하여 쓰인다.

    – Gen. 3: 4-6;   5: 17, 19;   8: 5, 6, 15.

⑥ 한 각주에 여러 문헌을 열거할 경우에 문헌 사이를 구분하기 위하여 쌍반점을 찍는다.

(3) 쌍점(colon)

① 이유를 말하는 연결어(접속사, for)의 대용으로 쓰인다.

② 서술, 인용 또는 대화의 한 부분을 이끌어내는 표현 다음에 쓰인다.

③ 일련의 항목들을 이끌어 내는 표현 다음에 쓰인다. 그러나 그 항목들이 인구어(印歐語)에서 namely, for instance, for example 또는 that is 다음에 올 때는 항목들 가운데 하나 이상이 완전한 글월이 아닐 경우에는 쌍점을 찍지 않는다.

④ 연설문에서 의장이나 청중을 부른 말 다음에 쌍점을 찍는다.

⑤ 경서(經書)의 장·절 사이, 시간표의 시·분 사이, 문헌 참조의 권 번호와 페이지 사이에 쌍점을 찍는다.

⑥ 논문 또는 책명 등의 주제와 부제 사이에 쌍점을 찍는다.

⑦ 속담이거나 격언 따위의 인용어구 앞에는 쌍점을 두는 것이 상례이다.

(4) 짧은 줄표(hyphen)와 긴 줄표(dash)

① 짧은 줄표는 둘 이상의 낱말로 합성어를 만들 때에 쓰인다.

② 곧 이란 뜻을 나타내는 표로, 동격관계에 있는 말들 사이에 또는 인구어(印歐語)에서 'namely' 나 'that is'란 말 대신에 쓰인다.

③ 앞에 서술한 사항을 종합적으로 말할 때에 쓰인다.

④ 끼워 넣는 구절의 앞뒤에 긴 줄표를 넣는다.

⑤ 내용이나 구문에 급격한 변화가 일어날 때는 그 간격 있는 두 글 사이에 긴 줄표를 쓰게 된다.

⑥ 때로는 대화체에서 말을 머뭇거릴 때 그 대문을 이 표로

표시한다.

(5) 괄호 묶음

① 분류기호 또는 분류번호를 글월 안에 쓸 경우에는 반달
괄호( )로 묶는다.

② 꺾쇠 괄호는 낱말이나 글귀를 첨가할 때 또는 언어학에서
음성기호를 쓸 때, 수학에서는 큰 묶음으로 각각 쓰인다.

③ 닫는 괄호 앞에는 마침표, 물음표, 느낌표를 제외한 다른
구두점을 사용하지 않는다. 또 앞에 '가'항에서 설명한 바
와 같이 분류기호 또는 분류번호의 경우를 제외한 경우에
는 여는 괄호 앞에는 어떠한 구두점도 찍지 않는다. 문맥
상 필요할 경우에 닫는 괄호 다음에 그 필요한 구두점을
찍는다. 괄호 안에 들어가는 부분이 독립된 글월이며, 괄
호의 앞부분이 한 문단의 끝을 맺는 경우에는 여는 괄호
앞에 마침표를 찍는다.

④ 반달 괄호 안에 다시 괄호를 쓸 경우에는 안의 괄호를 꺾
쇠 괄호로 하든가 또는 반달 괄호와 긴 줄표를 병용하여
쓴다.

⑤ 모든 구두점은 앞 글자에 가까워야 하며 여는 괄호는 다
음 글자에 닫는 괄호는 앞 글자에 가깝도록 해야 한다.

5) 문장부호

. 마침표(Period): 문장의 끝을 볼 때 씀. (꽃이 피었다.)

, 쉼표(Comma): 의미가 잠 깐 중지되므로, 읽을 적에 잠깐 쉬는 것이 좋은 자리에 쓰임. (엄마와 나, 그리고 영순이는…)

? 물음표(Question Mark): 의심이나 물음을 나타낼 때 씀. (왜? 너는 고등학생이냐?)

! 느낌표(feeling): 느낌이나 부르짖음을 나타낼 때 씀. (좋다! 8. 15 이 날을 잊을 소냐!)

" " 따옴표: 다른 말을 따다가 쓸 때에 그 말의 앞뒤에 씀. (옛말에 "문장은 곤궁한데서 난다"는 말이 있다.)

' ' 작은따옴표: 본디 따온 말 안에 또 다른 말을 따온 것이 있을 때 그 따온 말의 앞뒤에 씀. ("예수님은 '이웃을 사랑하라' 하는 말을…")

; 쌍반점(Semicolon): 쉼보다 긴 휴식을 표시함. (해는 지고, 달은 밝고; 날씨는 차다.)

: 쌍점(Colon): 긴 휴식을 표시함. (표의문자: 한자. 이집트문자)

– 줄표(Hyphen): '곧'의 뜻으로 바꾸어 말할 때 씀. (통일이 된다면–휴전선이 없어진다면…)

*: 긴소리표: 소리를 길게 낼 때 표시함. (화: 장, 고: 장, 산: 나무)

… 줄임표: 남은 말을 줄일 때 씀. ("그렇지만…", "저…")

….. 말없음표: 말없이 침묵함을 표시함. ("너 왜 우니?", "…..")

[ ], ( ) 묶음표: 어떤 부분을 한 덩어리로 묶을 때 씀. (아버지를 따라 거리[종로]에 나갔다.)

= 같음표: 양편 말의 내용이 같음을 나타낼 때 씀. (친구=벗)

- 붙임표: 두 낱말을 잇거나 외래어에서 두 낱말을 잇는데 씀. (민주-주의, 기브-앤드-테이크)

＿＿ 밑줄: 고유명사에 혹은 특별히 주의를 환기 시킬 때 씀. (이순신, 한글은 세계적 과학적 문자다.)

참고문헌

김태수, 『논문작성법』 제5판, 연세대학교 출판부, 2011.

박창원·김성원·정연경, 『논문작성법』, 이화여자대학교 출판부, 2012.

안인자, 「전자정보 서지기록 형식에 대한 연구」, 국회도서관보 257, 1998.
 2, 22~35쪽.

연세대학교대학원, 『논문작성법』, 연세대학교 출판부, 1991.

이성몽, 『박사학위(논문) 가이드 & 기술사 합격방법서』, 인포드림, 2013,
 47~50쪽.

임인재·김신영, 『논문작성법』, 서울대학교 출판부, 2008.

정필모, 「학술논문 작성 지침(1): 문헌적 연구·사례연구」, 도서출판 성화사,
 1992, 134쪽.

중앙대학교학술논문작성법편찬위원회, 『학술논문 작성법』, 중앙대학교
 출판국, 1984.

Creswell, John W., 『질적 연구방법론: 다섯 가지 접근』 제3판, 조흥식
 외 역, 학지사, 2015.

찾아보기

지은이 김연경

중앙대학교 사회개발대학원 지역사회개발학과 석사
1급 정사서, 1급 전문 카운슬러, 문헌연구가

논문작성법 컨설팅

© **김연경**, 2016

1판 1쇄 인쇄_2016년 01월 05일
1판 1쇄 발행_2016년 01월 15일

펴낸이_김연경
펴낸곳_글로벌콘텐츠
　　　등록_제25100-2008-24호
　　　이메일_edit@gcbook.co.kr

공급처_(주)글로벌콘텐츠출판그룹
　　　대표_홍정표
　　　이사_양정섭
　　　편집_송은주 **디자인**_김미미 **기획·마케팅**_노경민 **경영지원**_안선영
　　　주소_서울특별시 강동구 천중로 196 정일빌딩 401호
　　　전화_02-488-3280 **팩스**_02-488-3281
　　　홈페이지_http://www.gcbook.co.kr

값 15,000원
ISBN 979-11-5852-074-8 93370